『和创造世界名牌的人一起放飞梦想』

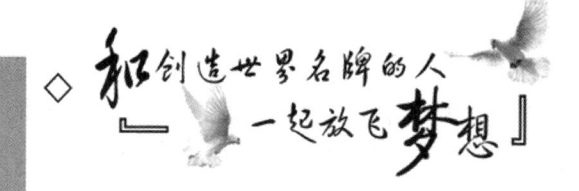

比尔·盖茨的微软梦

bier gaici de weiruan meng

聂荣杰 ◆ 编著

吉林出版集团有限责任公司

图书在版编目（CIP）数据

比尔·盖茨的微软梦 / 聂荣杰编著. -- 长春：吉林出版集团有限责任公司，2013.10

（和创造世界名牌的人一起放飞梦想）

ISBN 978-7-5534-3409-4

Ⅰ.①比… Ⅱ.①聂… Ⅲ.①盖茨，B.—生平事迹—青年读物②盖茨，B.—生平事迹—少年读物 Ⅳ.①K837.125.38-49

中国版本图书馆CIP数据核字（2013）第237849号

比尔·盖茨的微软梦
BI'ER·GAICI DE WEIRUAN MENG

编　　著：	聂荣杰
项目负责：	陈　曲
责任编辑：	陈　曲
出　　版：	吉林出版集团股份有限公司
发　　行：	吉林出版集团社科图书有限公司
电　　话：	0431-81629727
印　　刷：	北京一鑫印务有限责任公司
开　　本：	710mm×960mm 1/16
字　　数：	100千字
印　　张：	12
版　　次：	2014年3月第1版
印　　次：	2019年7月第2次印刷
书　　号：	ISBN 978-7-5534-3409-4
定　　价：	23.80元

如发现印装质量问题，影响阅读，请与出版方联系调换。0431-81629727

序言 PREFACE

梦想与生命共存　传奇与我们同在

当你拥有这套《和创造世界名牌的人一起放飞梦想》系列丛书并真正读懂它的时候，祝贺你，你已经向成功又迈近了一大步，并可以为自己的人生勾画一张蓝图了。

开卷有益，我们不是猎奇，不是对世界名人和超级品牌的奇闻轶事简单地一声惊叹，而且通过阅读，让我们的视野变得更加开阔，让我们能够更好地认识这个世界，并找到适合自己的成功之路。

这是一套全方位满足你阅读愿望的好书，文字鲜活，引人入胜。这里有商界巨鳄的传奇创业故事，也有他们普通如你我的日常生活，当你随着一行行文字重走他们的人生之路时，你的心一定会在波澜起伏中感到一种快意。或许他们的成功不能复制，但是他们的坚韧、执着、宽容——这些成功的要素，我们可以复制。

通过阅读名人的成长故事，重温名人的创业之路，我们会发现，健全的人格、自由的意志、高远的理想、敢于实践的勇气、高瞻远瞩的见地、坚毅勇敢的性格、理性处世的原则、独立思考的习惯、幽默风趣的表达方式……一个人成功的诸多要素都以具体而形象的方式展现在你的面前。

每个人都有自己的生活轨迹，然而成功之路殊途同归，这一路上你的行囊里必须要装入梦想、希望、宽容和坚韧。

请给自己一个梦想吧！梦想是成功的种子，梦想是希望的支点。从这套书中你会发现，每一个了不起的品牌里都承载了品牌创始人那激越的梦想。是梦想，让他们充满激情，斗志昂扬；是梦想，在困境中带给他们希望，让他们有了坚持下去的勇气；是梦想，激励他们不断向前进！

为梦想不懈地努力吧！从这套书中你会明白，任何人的成功都不会一帆风顺，在鲜花和掌声的背后，有太多不为人知的痛苦。那些创业中的失败、徘徊和挫折，对我们来说更具有启迪的价值。真正的勇敢者，并不是无所畏惧，而是在面对挫折的时候，能及时调整自己，正视艰难困苦，不放弃希望。所谓成功，不过是努力的另一个名字罢了。

伟大的戏剧家莎士比亚曾说："一个最困苦、最卑贱、最为命运所屈辱的人，只要还抱有希望，便无所怨惧。"

生命只有一次，让我们在阅读中汲取无穷的力量吧！《和创造世界名牌的人一起放飞梦想》系列丛书会带你走进一个传奇世界，仔细阅读并把你的梦想付诸实践，你也许会成为下一个传奇。

带上我们的梦想启程，为我们璀璨夺目的人生而奋斗！

目录 Content

前言 001

第一章 自由的小王子 001

    第一节 圆桌家庭里的孩子 003

    第二节 踏上进步的阶梯 006

    第三节 不轻言放弃的男孩 012

    第四节 培养天才的摇篮 015

    第五节 小小野心家 020

第二章 巨人的成长 025

    第一节 自食其力才有保障 027

第二节　没有规矩不成方圆　032

第三节　是龙绝不该永远盘着　036

第四节　年龄不是问题　041

第三章　十字路口的路标　047

第一节　逃避不是好办法　049

第二节　不畏浮云遮望眼　054

第三节　掌控计算机的心脏　060

第四节　找到志同道合的朋友　066

第五节　绕开不喜欢的自己　073

第四章　起跑就是冲刺　081

第一节　竭尽全力向前冲　083

第二节　小麻烦，大收获　088

第三节　伟大的事业从"小"做起　096

第四节　绝不能白干　102

第五章　机遇与挑战并存　107

第一节　看透实质事半功倍　109

第二节　迎接敲门的机遇　113

第三节　襟怀广阔天地宽　119

第四节 冲动未必是魔鬼 125
第五节 成长的必修课 133

第六章 用实力说话 141

第一节 因为热爱而留下 143
第二节 比尔的用人之道 149
第三节 别人开门，你要开窗 155
第四节 难产的"泡沫软件" 160
第五节 在悬崖上走钢丝 167
第六节 不住平常屋，不走寻常路 172

结 语 177

前 言
Introduction

2012年12月2日，美国《福布斯》杂志公布了"2012年全球最有权势人物排行榜"，列出了全球71位重要人物。榜单的前三名都是政界人物，第四名的就是已经退休几年的微软公司前总裁比尔·盖茨，在商人中位列第一。在他前面的三位分别是美国总统奥巴马、德国总理默克尔和俄罗斯总统普京。

每个"世界第一"都是一个传奇，多次在《福布斯》财富排行榜位列榜首就更是不可复制的传奇，这个传奇的主角就是比尔·盖茨。

比尔·盖茨生于1955年，他的家乡是美国华盛顿州风光秀丽的被称为"翡翠之城"的西雅图市。比尔·盖茨的原名是"威廉·亨利·盖茨三世"，但是对于新生的小家伙，外婆习惯叫他"小比尔"，渐渐地大家也习惯叫他比尔。所以，一个大名鼎鼎的电脑奇才就以"比尔·盖茨"的名字被人们记住，他的真名"威廉·亨利·盖茨三世"反而像一枚奖章，得到了

比尔·盖茨的微软梦

以后只是被拥有者恭敬地置放在一个安静的地方,只有特殊的时刻才拿出来欣赏一下。

"25岁时我要赚来人生的第一个100万!"这是比尔·盖茨中学毕业时的愿望,6年以后他实现了自己的愿望。而且比尔·盖茨也不会想到,他31岁那年已经成了名震世界的亿万富翁。从1995年到2007年,在全球权威财富杂志《福布斯》的亿万富翁排行榜中,位于第一名的一直都是比尔·盖茨。2008年到2013年,虽然排行榜的座次发生了变化,但是比尔·盖茨始终位列前茅。

20岁那年,比尔·盖茨做了一件惊世骇俗的大事,他从全世界一流的高等学府——哈佛大学退学,到美国边远的新墨西哥州的阿尔伯克基市经营自己的软件公司——微软公司。当时公司只有两名员工,比尔·盖茨和保罗·艾伦,保罗·艾伦还是兼职身份。可是没过几年,微软公司就在比尔·盖茨的带领下成为苹果、IBM等大公司的合作伙伴。1985年,微软视窗(Windows)成功发行,微软公司日新月异,迅速成为计算机软件行业的龙头老大。

20世纪80年代,微软公司只有100多人的时候,他们就许下宏愿,要在20世纪90年代使西雅图市每个人都用微软的产品。而今天,不仅西雅图市民,几乎全世界每台电脑都在使用微软的产品。

"比尔·盖茨手握着进入千家万户的钥匙,他将无所不在，无所不能。"这是《纽约时报》对比尔·盖茨的评价。

正是这个手握着千家万户钥匙的人说："在学校里也许不再分优等生和劣等生，但生活并不如此。学校会不断地给你机会让你进步，但现实生活完全不是这样。"

"这个世界不会在意你的自尊，而是要求你在自我感觉良好之前先有所成就。"

比尔·盖茨可能不是一个高学历的人，但比尔·盖茨绝对是一个有高追求，并为之努力奋斗的人。他可以几天几夜不洗澡，只为研发一道程序；他可以忘记吃饭，只为了兑现一个承诺。他赢得了无尽的财富，赢得了人们的尊重，也赢得了一个精彩的人生。

Bill Gates

第一章　自由的小王子

- ■ 第一节　圆桌家庭里的孩子
- ■ 第二节　踏上进步的阶梯
- ■ 第三节　不轻言放弃的男孩
- ■ 第四节　培养天才的摇篮
- ■ 第五节　小小野心家

Bill Gates

第一节　圆桌家庭里的孩子

>　　在学校里也许不再分优等生和劣等生，但生活并不如此。学校会不断给你机会让你进步，但现实生活完全不是这样。
>
>　　　　　　　　——比尔·盖茨

　　公元500年左右，古不列颠出现了一个伟大的国王——亚瑟。亚瑟王不仅娶了美女格尼薇儿，也得到了岳父那张著名的巨大圆桌。亚瑟王经常带领一大批真正的骑士，聚在圆桌周围热烈地讨论国家大事。圆桌的特别之处就是没有明显的等级差别，聚在圆桌周围的人都是平等的，正因为这种奇妙的平等，使亚瑟王变得无比强大。

　　尽管骑士与君王、骑士与骑士之间会有政见上的分歧，甚至会在圆桌边争得面红耳赤，但是他们从来不会有仇视，在征战的时候从来都一往无前，而且互相照应。"圆桌骑士"的故事流传至今，让人们生出无限遐想，而"圆桌"式的生活也成为了人们的一种追求。

　　生活在平等、团结的家庭里的孩子都是幸运的，而且他们

比尔·盖茨的微软梦

的潜能也会因此被释放。电脑神童比尔·盖茨就是这样,他就是一个生活在"圆桌"家庭里的幸运儿。

比尔·盖茨的父亲是一位在法律界德高望重的律师,曾经担任过华盛顿州律师协会的主席,还做过全美律师联合委员会的主席。比尔·盖茨的母亲玛丽·盖茨是一个温柔典雅却不乏果断处世能力的女性,在教育界很有影响。虽然从比尔·盖茨出生以后玛丽·盖茨就辞去了教师的工作,成为一个全职家庭主妇,但是她并没有把自己困在家里,她热衷于社会工作,在社会上声誉极佳。盖茨夫妇注重家庭氛围的营造,他们为孩子创造了一个民主自由的宽松环境,在这个家庭里,大家畅所欲言,彼此理解。

有一句话是"食不言、寝不语",说的是吃饭与睡觉的一种良好习惯,不过那应该是中国古代大家庭的习惯。过去大家庭秩序森严,人们缺少自由表达的权利。其实吃饭往往是一家人聚在一起的最好时机,因为除了吃饭,大家各忙各的,很少能围坐在一起谈谈心事,说说见闻。因此,在用餐时一边吃着可口的食物、一边谈论大家感兴趣的话题是一种享受,比尔·盖茨的家里就是这样的。

一天中吃饭的时候是比尔·盖茨一家最热闹的时刻。全家人围坐在餐桌前,谈论各种各样有趣的话题,从生活琐事到人生目标,从科学知识到时事政治,无所不谈。席间有争执,也有共识,但正如亚瑟王的圆桌一样,盖茨家的讨论会从来都是过程热烈，结局平和，因为他们相亲相爱，互相理解。在良好的家庭氛围中，盖茨一家的孩子都养成了一种独立思考和理性处世的习惯，这成为孩子们日后发展的一笔无形的财富基金，而且用之不竭。

玛丽·盖茨在教育方面颇有心得，她给孩子们提供大量的信息，让孩子们自由选择。她在社会上所做的工作对比尔·盖茨也产生了深远的影响。作为全职妈妈，玛丽·盖茨一方面精心地照顾自己的孩子们，另一方面她也热衷于社区的公益活动，把自己的知识传播给其他孩子。玛丽·盖茨成为了社区服务人员，帮助人们做些日常工作，她还去西雅图历史和发展博物馆做义务讲解员。除此之外，去地方学校为学生们讲解本地的文化和历史也成了玛丽·盖茨日常生活的一部分。

比尔·盖茨三四岁的时候，他就成了妈妈最小的听众。每次玛丽·盖茨为学生们讲解时，她都把小比尔·盖茨带在身边，每当这个时候，好动的小比尔·盖茨都会非常安静地坐在前排的椅子上，聚精会神地听妈妈的精彩讲述，为此，他还得到了妈妈的不少表扬。在妈妈的讲述中，比尔·盖茨对文化、生活、世界与历史有了最初的感知，而他亦动亦静的复杂性格也体现得淋漓尽致。在这个民主的家庭里，妈妈和爸爸从来不限制孩子们的读书内容。他们的书房就是一个无边的世界，在那里，比尔·盖茨早早开启了智慧之门，大量的、庞杂的阅读，使比尔·盖茨显现出与同龄孩子不一样的成熟与坚定。

当然，在这样一个环境里，比尔·盖茨也养成了一些特殊的生活习惯，是所谓贵族绅士们从来不会在公众场合出现的。在商场上老成持重的比尔·盖茨坐在椅子上却一刻都不肯安静下来，他最经典的姿势就是坐在舒服的靠背转椅上摇来摇去，但是他却从不会昏昏沉沉，仿佛摇椅有着神奇的魔法，摇走的只是他的烦恼，留下的是他的机敏与沉着。并且，这种姿势还会传染，最蔚为壮观的莫过于比尔·盖茨带着公司的高管在办公室开会的时候。你很难想象，一群人坐在大靠背椅上摇来摇去激烈讨论的情景，可是它确实存在，仿佛亚瑟王那张圆桌从比尔·盖茨的家里搬到了他的办公室。在这样开放自由的氛围里，一个计算机软件帝国不断书写着它辉煌灿烂的历史。

第二节　踏上进步的阶梯

这个世界不会在意你的自尊，而是要求你在自我感觉良好之前先有所成就。

——比尔·盖茨

世界的有限在于人类只拥有一个地球，而世界的无限在于人类的文明与发展已经或正在被记载下来，通过书籍的方式一代又一代传承下去，越来越厚重，越来越丰富。一个人如果经常徜徉在书海，那么大千世界他已经尽在掌中，在有限的世界中，他将是一个最富有而又有创造力的人，谁都不例外，包括比尔·盖茨。

现在的孩子几乎人手一本冠以不同名头的百科全书，或者是《世界五千年》《历史大百科》《神奇的动物世界》《人类未解之谜》等具体的科普与文化知识读物，但是真正对这些书感兴趣又坚持把它看下去的能有多少呢？

比尔·盖茨8岁的时候，他在家中的大书房里发现了一套1960年出版的《世界图书百科全书》。这是"书"的集结，可想而知，里面知识的复杂程度和信息量的丰富程度。这套书图文并茂，天文地理、人文科学无所不包，比尔·盖茨一发现就爱不释手。

那时恰好是比尔·盖茨的生日，亲朋好友送给他的礼物他都不太喜欢。"那你想要什么礼物呢？"爸爸问小比尔。"我想要你书房里的那套《世界图书百科全书》！"比尔·盖茨对爸爸说。

这可把威廉·亨利·盖茨吓了一跳，旁边的玛丽·盖茨也觉得很惊讶，尽管他们都知道小比尔喜爱读书，但是他们依然觉得一个8岁的孩子，是没有办法接受那么厚重枯燥的百科全书的。做过教师的玛丽知道，一般像小比尔这样大的男孩子，最喜欢看的就是科幻小说和《人猿泰山》一类的少儿读物。

第一章 自由的小王子

"你能看懂吗？"爸爸问小比尔。"能，书上有图，我能看懂。"比尔·盖茨非常肯定地说。"那好吧，它属于你了！"妈妈玛丽·盖茨温和地对儿子说。"太好啦！这是最好的生日礼物啦！"比尔·盖茨兴奋地在摇椅上快速地转了起来。

虽然想把整套书读完是一个大工程，可这是吓不倒比尔·盖茨这个酷爱读书的男孩的，他决心读完这套丛书，因为他惊喜地发现，有很多让他困惑的问题在这里都可以找到答案。

"如果16世纪按顺序排列的全部文章和一些与医药有关的文章不是那么难懂的话，我想我会读得更多。"比尔·盖茨回忆起自己童年时代读书的经历时这样说起那套《世界图书百科全书》。你可能从这句话中得知伟大的神童比尔·盖茨也有完不成的事情，但是要知道读完那套书是一般的成年人都难以完成的事情，男孩比尔·盖茨一字一句地认真阅读了5年之久，这已经是一件很了不起的事情了。

比尔·盖茨为人类文明的发展和延续做出了卓越的贡献，在此还要提到那套《世界图书百科全书》，因为它在成为男孩儿比尔·盖茨的珍宝以后，又通过成年比尔·盖茨的努力，变成了无数个孩童手中的珍宝。

在比尔·盖茨看来，他的那套百科全书知识无比丰富，厚重的书卷里有细致的文字和简洁的插图，但是还有些缺憾。

比如，它只能让读者明白爱迪生发明的留声机外观是什么样子的，却无法让读者感受到最初的留声机里发出的刺耳的声音；书上配有毛毛虫蜕变成蝴蝶的照片，但是还达不到栩栩如生的程度，这让人有种意犹未尽的感觉。

"这套书好是好，要是能让读这本书的人听到声音，并看到动态的画面就更好了。"比尔·盖茨当时一边看着《世界图书百科全书》，一边这样想着。这或许只是一个孩子读书时的一闪念，但是在科学技术发展到可以通过电子信号将声音、形象同文字结合在一起的时候，比尔·盖茨想到了自己最钟爱的那套百科全书，他终于成功地将文本与图片和动画结合在了一起。

在小比尔手捧着又厚又重的《世界图书百科全书》看个不停之后的第30年，微软公司制作了一张小小的仅重20克的光盘，可是这20克光盘中的内容却不比那厚重的纸质书卷少多少。这款Encarta软件第一版收录了26000个词条，附有900万字的文本说明，最特别的是这张光盘里包含了8小时的音频、7000张图片、800幅地图、250张图表、100多段动画和视频，只要你在一台电脑上打开这张光盘，那么一本有声有色的百科全书就展现在你的面前了。

如果你看到一种乐器，就能听到它发出的声音，如果你看见一种动物，就能看到它们在呼吸，如果你看到一朵花，就能看到花儿绽放的过程。

光盘里还有人类几十万年的历史中各个重大事件的介绍,世界名人的讲话片段也被刻录了进去,听到以后一定让你热血沸腾,比尔·盖茨的讲话也在其中。这真是一本包罗万象的电子书,世界上上百种语言的常用语发音在里面,各个流派的爵士乐的代表曲目在里面,一些机器的工作原理也在里面。如果你想知道自己的知识达到了什么程度,这张光盘还加上了测试程序,如果你回答正确,你会得到奖励,一声悦耳的鸟鸣或是一段激越的旋律,都让你越来越喜欢读书。而如果你一时兴起想作一幅简单的风景画,这张光盘也会满足你。

比尔·盖茨用他的方式传递了文明,在人类文明的道路上为后来人打造了一个华美而又沉实的阶梯。

比尔·盖茨比一般的孩子聪慧,这与他读书的内容有很大的关系。在父亲的书房里,他先是被一些无边无际的科幻小说吸引,然后是在百科全书中了解真实的世界,所以他既有一种大胆的想象力,对未知的事物的好奇心,又有一种务实钻研的精神,对现实世界具有实实在在的认知能力。也正是这种好奇心和务实精神绝妙的结合,使比尔·盖茨能在抽象的程序世界与具象的现实世界中游刃有余,把一个个枯燥的符号与色彩斑斓的生活进行灵活转换,从而开启了一个全新的计算机时代。

但是,你不要误会比尔·盖茨只是一个喜欢研究和设计程序的单一人才,童年时代全息社会缩影的《世界图书百科全书》以及他的家庭影响,使得比尔·盖茨对书籍的兴趣一直很浓厚，这使他爱好广泛，并全方位发展。

　　富兰克林、罗斯福、拿破仑这样的政治家、军事家的传记比尔·盖茨当然不会错过，爱迪生这样的科学家、发明家的传记也不可能从比尔·盖茨的书目中漏掉。

　　"我想知道他们是如何思考问题的。"比尔·盖茨这样解释他读名人传记的目的。都说商人是最务实的，那些形而上的文学作品一般不能引发他们的兴趣，可是比尔·盖茨却没少阅读纯文学作品，给他印象最深刻的是《麦田里的守望者》与《各自的和平》两本书。此外，一些科学读物和商贸书籍也都在比尔·盖茨的阅读范围内。真是让人惊奇，一个人怎么可以有这么充沛的精力，看来人的潜力真是无穷无尽的，就看你有没有去开发。

　　如果不是从事计算机软件开发，比尔·盖茨可能成为一个同父亲一样的大律师，也可能成为一个相当出色的数学家，因为他在中学时代提出的一种数学计算的简便算法至少在数学界领先了15年；他也可能成为一名出色的演员，因为他可以背下长达数页的台词，在戏剧演出中让人们为之动容，而这一切与他从小就喜欢读书有着密不可分的关系。

　　还是培根说得好："书是人类进步的阶梯。"比尔·盖茨在前人总结的文明成果中开启了自己的智慧之门，从而成为一个全面发展的人，虽然他日后以开发计算机软件为主，但是他读书所积淀的一切成为他事业发展的助推力，而他也在人类文

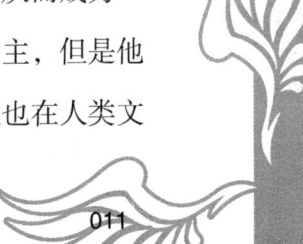

明的历史进程中书写了重重的一笔，他所带来的计算机革命让人类世界发生了巨大的改变，也必定成为后世记录的一个不可或缺的内容。

第三节　不轻言放弃的男孩

生活是不公平的，你要去适应它。

——比尔·盖茨

"跌倒了自己爬起来"对于孩子来说似乎很残忍，但是如果一个孩子连跌倒后自己爬起来的机会都被剥夺掉，那就是对他的另一种残忍，因为他失去了一次成长的机会。有时候跌倒了爬起来到不了终点也要比一开始就回头好得多，因为自己起来的过程就是最宝贵的经历。

那年夏天，学校为了锻炼学生的毅力和耐力举行了一次为期一周的徒步行军活动，全程50英里。一向主张孩子多参加集体活动的威廉·亨利·盖茨二世夫妇当然支持孩子参加这样有益于孩子成长的活动，所以比尔·盖茨兴高采烈地穿上他的新靴子出发了。可是，新鞋子美则美矣，却不够舒适，很快就把小比尔的脚磨破了。

第一天的行程走下来，比尔的脚趾上磨出了不少水泡，脚后跟的皮肤也磨破了，让他感觉每走一步都钻心的疼。脚的问题让一向都不认输的比尔·盖茨非常郁闷，可他不想半途而废，留下让同学们嘲笑的把柄。他一言不发，坚持跟着队伍前进。

毕竟比尔·盖茨还是个孩子，他脚上的伤很快就被老师发现了。看着比尔·盖茨脚上大大小小的泡和已经出血的脚跟，老师劝比尔·盖茨停下来歇歇，然后往回走，因为这才是行军的第二天，未来的路更长更难走。"没关系，我能坚持。"比尔·盖茨很坚定地说。没办法，老师勉强同意让比尔·盖茨继续跟着队伍。

第三天，比尔·盖茨靠着消炎药和止痛片跟着队伍跋山涉水，一直走到下午4点钟。在中途检查站，老师发现这个孩子的脚已经不能再走路了，因此尽管比尔·盖茨仍坚持声称自己能继续前进，校方还是通知了比尔·盖茨的家长。

"你为什么要坚持到现在呢？"玛丽·盖茨了解自己的儿子，可是看到儿子那双红肿并严重发炎的脚，她还是忍不住问儿子。"可惜，这一次没有走到终点。"这就是儿子给泪流满面的妈妈的回答，在那一刻，他想着的也是自己没能把这次行军坚持到底，语气中充满了遗憾。

从这次行军活动可以看出来，比尔·盖茨从来都不会轻言放弃，尽管他中途掉队，他也一定是一个跌倒了要自己爬起来

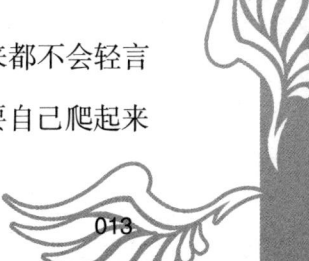

的人。如果不是家里平时就给他足够的空间让他自己拿主意，相信在行军的第一天，玛丽·盖茨就会收到学校接孩子回家的通知，那也不一定就是她所希望的。在比尔·盖茨独自创业的时候，他也总是靠自己的能力渡过一个又一个难关，他确信自己足够强大，对家人和朋友，他只要拥有他们的关爱和支持就足够了。

做任何事都尽善尽美是比尔·盖茨的习惯，只要参与竞赛性质的活动，拿到第一就是比尔·盖茨唯一的目的，他可不是"重在参与"的支持者。"比尔做事总是力求完美，总要超过所有的人他才满意。"比尔·盖茨童年时期的伙伴爱德蒙这样评价他的老朋友。比尔·盖茨并非全能，但是他就是有一种不服输的劲头，"世上无难事，只怕有心人"，所以比尔·盖茨在群体里总是出类拔萃。

对小孩子而言，作文是最让他们挠头的作业了，他们巴不得草草了事，过关大吉。可是比尔·盖茨不是这样，只要他做的事情就绝不会马虎对付。有一次，老师要求学生们完成一篇关于人体特殊作用的作文，规定的篇幅本来只是四五页长，比尔·盖茨居然写出来30多页，他当然得到了老师的表扬，而他在知识方面的广博也赢得了同学们的赞美。还有一次，老师布置的任务是写一个故事，字数在20页以内，大约一万多字，可是比尔·盖茨交上来的作业竟然达百页之多，让老师和同学们瞠目结舌，他们真的无法想象一个少年能写出那么长的故事。

是的，一个小男孩儿坐在书桌前埋头进行几万字的创作是要放弃很多娱乐的时间的，而且还需要有足够的知识储备和想象力才行，逻辑思维能力也必不可少，否则写出来的东西也让人无法阅读，可是比尔·盖茨完成得的确实相当出色。

在游泳、网球、克朗棋，甚至诗歌朗诵比赛当中，比尔·盖茨也不会放弃，无论路有多长，比尔·盖茨都要走下去，并且一定要给自己一个漂亮的结尾，只为了不让自己因为到不了终点而感到遗憾。

第四节　培养天才的摇篮

> 如果你认为学校里的老师过于严厉，那么等你有了老板再回头想一想。
>
> ——比尔·盖茨

曾经有一句歌词非常流行，那就是"平平淡淡才是真"，这或许是一种普遍的人生态度或者感悟，但是"人活一世草木一秋""雁过留名人过留声"这样的励志之句也深入人心，正因为如此，这个世界上既有淡泊明志的隐士，也有叱咤风云的英雄，而做一个什么样的人，如何度过你的一生，决定

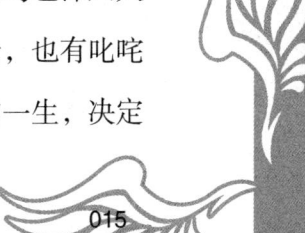

权掌握在你的手里。

比尔·盖茨小的时候被同学看成行为古怪的人,因为他总想与众不同,总是把自己突出出来。"他说他宁愿做一棵荒坡上伟岸的橡树,也不愿做原野上翠绿的青草。因为橡树高大挺拔,向天而立,而小草过于平凡,矮小柔弱,毫无个性。"爱德蒙回忆起童年时代他与比尔·盖茨的一段对话时这样说。

而比尔·盖茨也像他自己说的那样做了,在同龄人里他是那样卓尔不群,尽管有时会显得很孤独,但是他从来都不会迷路。比尔·盖茨12岁那一年,这棵小橡树把自己的根扎在了尚未成熟的电脑行业这个荒坡之上,从此开始了他刺破苍穹的传奇一生。

西雅图湖滨中学不知道,1967年的秋天,一个电脑奇才将借着它所搭建的平台引发一场又一场的科技地震。"湖滨中学能使最愚笨的孩子变得聪明起来。"这句话并非言过其实。湖滨中学是一所赫赫有名的私立中学,也是一所校规严格而奇特的中学。这所中学只招收男生,学费昂贵,整个学校只有300名学生,这与私立办学营利的目的似乎背道而驰,但是学校从来都是严格控制学生的人数,他们要的是质量,而不是数量。

20世纪是一个大变革的世纪,西雅图湖滨中学在这个变革的时代也走在了潮头浪尖。20世纪60年代以前,湖滨中学同美国其他的学校一样风气保守,多为教条化管理。学生的着装都有严格规定,穿外套、打领带,鞋子必须有鞋帮和扣眼,这样的要求使学生们从远处看千人一面，虽然整齐规范，但是少了一些活力，对于成长中的少年来说稳重有余，而生气不足。20世纪60年代自由主义浪潮席卷美国，湖滨中学也深受影响。学校的规章制度不再是捆绑学生的枷锁，学生们不仅在穿着上日渐改变，在思想上也慢慢开放。个性化的穿着、以往绝对不会出现的长发飞舞、胡须浓重的情况都不再是学生们的禁忌，灵动飞扬的青春在湖滨中学得到了尽情释放，这在当时是一种非常大胆的学校管理方式，湖滨中学的"特别"也就凸现出来。

奇妙的是，在这种相对自由的氛围里，学生们的自由竞争意识日益强烈，他们在思想与精神上的个人化色彩使他们尽可能地施展了自己的才能，学校以开明的教育思想给了学生们自我发展的机会，不仅这样，校方还最大限度地为学生们提供先进的教学设施，目的就是使学生的才智得到最充分的发展。而且湖滨中学的教育目标不是让学生都升入大学，他们更注重激发学生的天赋，因此哪怕学校里总是出现这样那样的问题学生，他们也会得到老师特别的关照，充分保护学生的兴趣爱好。因此，有人说湖滨中学能做到"让最愚笨的孩子聪明起来"。

湖滨中学的学生虽然不多，但是年龄段跨度并不小，学校一共有6个年级，7年级、8年级为初中部，9至12年级为高中部，这就能够让孩子有充分的时间寻找自己的位置，也有可能越过年龄的差距让学生们自由交流。

为了这种难能可贵的环境,很多家长不惜花费每学期5000美元的巨资把孩子送到湖滨中学。而事实证明,湖滨中学的办学理念是大胆而正确的,从湖滨中学走出来在社会上颇有建树的学生数不胜数,湖滨中学也获得了"天才摇篮"的美誉。

在这样的大环境之下,12岁的比尔·盖茨来到湖滨中学当然如鱼得水,他没有辜负校方的办学期待,终于成为了湖滨中学的骄傲。

1968年,比尔·盖茨遇到了能点燃自己生命之火的计算机技术,因为西雅图的湖滨中学竟然极具前瞻性地决定让学生们接触当时最先进的科学技术——计算机技术。

20世纪60年代末期,美国在科学领域的有了突飞猛进的发展,人造卫星成功发射,阿波罗登月计划激动人心地实施着,一种非人脑能及的技术越来越近地向人们靠近,这就是计算机技术。可是,这是一种昂贵的新技术。当时,计算机与计算机技术都还只是少数人能接触的高端科技。计算机不仅身躯庞大,一台计算机就要占据一个大房间,并且价格不菲,一台机器价格高达数百万美元,只有经济实力雄厚的商界人士才能用得起这么昂贵的机器。所以,尽管湖滨中学有一定的经济实力,却仍然无力购买一台计算机。好在并非必须拥有计算机才能接触到计算机技术,最后湖滨中学采用了当时流行的一种办法——租用企业的计算机。这样,学校只要有电传打字终端机就可以通过电话线与企业的计算机联结,从而使用计算机了，只是这种租用的费用也不低，3000美元也只能租用几个月而已。不过，聊胜于无，湖滨中学还是走到了科技教学的最前端，比尔·盖茨也得以幸运地在计算机技术的"石器时代"就开始与之亲密接触。

湖滨中学租用的是通用电气公司的PDP-10计算机，这是由DEC数字设备公司生产的计算机，在当时十分著名。

对比尔·盖茨来说，第一次接触计算机的感觉他终生难忘，当他在电传机上输入了几条指令后，处理结果立即从看不见的PDP-10计算机那端传送回来，这使见识多兴趣广的比尔·盖茨也感到了一种从未有过的兴奋和满足。从那以后，比尔·盖茨就对这个神秘的机器产生了浓烈的兴趣，他一有时间就在计算机房里做各种试探和练习。

在计算机房里，他也结识了他一生中最重要的朋友和生意伙伴——保罗·艾伦。

"能在60年代的西雅图就让学生接触并使用计算机，这种做法令人相当惊讶。"比尔·盖茨后来评价湖滨中学引进计算机技术的行为时这样说。他还说："为此，我将永远怀抱感激之情。"

我们有理由相信比尔·盖茨说的是实话。因为在西雅图湖滨中学那间没有计算机的计算机房里，比尔·盖茨和保罗·艾伦通过探索和实践获得了宝贵的经验，在让他们着迷地寻找与研究中，他们越发被计算机快速的逻辑运算能力吸引，一种魔

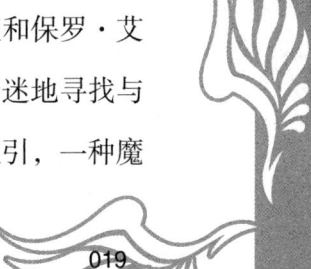

力驱使两个孩子在数字与逻辑的海洋中不断超越自己。

第五节　小小野心家

> 卖汉堡包并不会有损于你的尊严。你的祖父母对卖汉堡包有着不同的理解,他们称之为"机遇"。
>
> ——比尔·盖茨

"野心家"这个词在中国历史上总是用来形容那些权力欲望极强的人,比如吕后、刘邦、王莽、曹操等人,多多少少还带有点贬义色彩。其实"野心"并不是什么坏东西,它应该是"志向""理想"的同义词,在一个好人的身上能给人以奋进的力量,在一个坏人身上会为祸一方。

如果秦始皇没有野心,中国就不能统一;如果成吉思汗没有野心,他的铁蹄就不能踏遍欧亚大陆成为一代天骄;如果拿破仑没有野心,他就不能让法兰西雄霸欧洲;如果武则天没有野心,中国也就没有了唯一的女皇帝;同样,如果没有野心,比尔·盖茨就不会有后来在计算机软件界的半壁江山。

当比尔·盖茨第一次接触计算机的时候,他被看不见的机器迷住了。是的，真的很神奇，只通过一根电话线，输入进去的指令就能得到执行！"也许没有它不会做的事儿！"比尔·盖茨感叹道。

计算机激发了比尔·盖茨的兴趣，他天生就有一种探索的欲望，但是还有一点更为重要，那就是计算机是一个全新的世界，在这个领域里人人平等，只要你肯发现、肯投入，你就有可能取得空前的成就。

"没准我们能用它做出些大事儿呢！"比尔·盖茨和保罗·艾伦逃课上机探索计算机奥秘的时候，他们都听到了内心身处最隐秘的声音，那就是绝不做一个平庸的人。

"计算机之所以对我有如此强大的魔力，还有一部分原因在于我们这些小家伙竟然可以控制一台体积巨大、价格不菲、结构复杂的机器！"比尔·盖茨回忆起自己最初接触计算机时的感受时说，驾驭那台罕见的机器无疑会有一种成就感，因为对一个孩子来说驾车是不太可能的事情，速度与激情的体验他们还没办法实现。

"就是到了现在，一想到无论何时，只要我输入正确的程序，机器就会毫无反抗地执行，我仍会感到兴奋。"多年以后成为计算机软件界领军人物的比尔·盖茨如是说。

比尔·盖茨不是一个纸上谈兵的野心家，只要可以，他就会与计算机在一起，他也不会错过每一个研究计算机的机会，他如饥似渴地钻研计算机的书籍和资料，在文章中提到的程序他都会找机会到计算机上试一试。就这样，比尔·盖茨与计算机领域的最前沿一直保持着亲密的关系，日积月累，他已经成了一个计算机软件专家，虽然那时他还是个十几岁的孩子。计算机使比尔·盖茨的世界发生了变化，他觉得自己在计算机那里迸发出了无穷的创造力。

"我们不是胡闹，我们也会尝试改变它，"比尔·盖茨说起他对计算机的态度，"就像一个孩子用一些纸板和一箱蜡笔造出一艘太空船，并振振有词地说船上有控制温度的仪表，还规定出许多规则一样，说明他对单一功能的玩具不够满意，他需要多功能的玩具。我觉得计算机更接近创造性活动的本质。"

比尔·盖茨和保罗·艾伦对计算机的兴趣爱好还有一些差别，比尔·盖茨更爱研究实际应用程序，保罗·艾伦则更喜欢探索计算机语言。也就是说，比尔·盖茨更倾向于创造新东西，希望操控计算机做些他想做的事，而保罗·艾伦更想知道怎样让计算机更听话，这真是一对绝妙的搭档。当然，比尔·盖茨对计算机语言也相当精通，保罗·艾伦对新程序的编写也非常在行。

比尔·盖茨最开始设计出的程序是为了游戏。其实，当时湖滨中学没有能力购买一台真正的计算机，他们只是借助一根电话线来实现与计算机终端的联系，比尔·盖茨和保罗·艾伦根本就无缘一见计算机的屏幕。而且那时候更没有磁盘存储器，指令都是借助纸带记忆，信息反馈只能通过打印机传送，往往下一步棋要花费比人力更多的时间。但是就是这样极慢的速度，也让比尔·盖茨和保罗·艾伦惊讶与兴奋，而且这种感觉会从开头保持到最后，因为计算机可以给出很多不确定的答案。比尔·盖茨和保罗·艾伦甚至计划模拟数以百千计的比赛，只为了找出一种最有效的战略。这两个孩子所做的一切可能很不可思议，但是正是他们的好奇心、野心和毅力使他们最后联手在计算机界所向披靡。

所以一个人无论大小，都要明白自己究竟想要什么，究竟想做什么，做到什么程度。比尔·盖茨能够成功就在于他有一份"野心"，他不希望平庸，希望去驾驭这个世界。

有这样一个故事，主人公是一个法国人。这个法国人年轻时很穷，生活困顿，但是他不甘心永远做一个穷人，于是他想办法找到发家致富的路。他从推销装饰肖像画做起，不断寻求发展，终于在不到十年的时间里跻身法国富翁前50名之列，成为一位媒体大亨，他成功的时候仍然很年轻。遗憾的是财富的增加没能使他的生命延长，他患了癌症，命在旦夕的时候，他留下了一份奇特的遗嘱："我曾是一个非常贫穷的人，在以一个富人的身份迈进天堂的门槛之前，我把我成为富人的秘诀留下。若是能通过回答'穷人最缺少的是什么'这个问题而猜中我成为富人秘诀的人，他将得到我的祝福。而我留在银行私人保险箱里的100万法郎将作为奖金，奖励这个睿智的揭秘之

人，同时我也会在天堂给予他欢呼和掌声。"

丝毫不用怀疑这份遗嘱引起的轰动效果，有将近5万人寄来了自己的答案。这些答案五花八门，千奇百怪，但是大部分人的回答是穷人缺少的是金钱。有人就这个问题问过一个孩子，孩子的回答是："我不知道正确答案，但是我知道绝不是'钱'。原因有两个，一是穷人有了钱就不是穷人了，当然不用变富，二是答案不可能是'钱'，这个富翁不会出这么简单的问题。如果要我给一个答案，我就会说，是信心。"

当然，这个孩子的答案也不见得正确，可是至少他还有一定的分析能力，那个法国富翁所表达的是穷人如何能摆脱贫穷，而不是摆脱贫穷的标志是什么。所以大部分人拿不到那100万法郎了。还有些答案是机会、技能，等等。富翁逝世1周年的那一天，在公证部门的监督下，他的律师和代理人根据遗嘱打开了他银行的保险箱，那份颇有悬念的遗嘱被公之于众了！

"野心！"富翁给的答案只有两个字。

谜底解开以后，法国乃至欧美大陆都受到了震动。人们一致同意，从穷到富的道路上，最不能缺少的就是"野心"，这个法国富翁抓住了生活的真谛。人们谈论这个话题的时候都不得不承认，"野心"是治疗"贫穷"的特效药，且永久有效。

Bill Gates

第二章 巨人的成长

■ 第一节　自食其力才有保障

■ 第二节　没有规矩不成方圆

■ 第三节　是龙绝不该永远盘着

■ 第四节　年龄不是问题

Bill Gates

第一节　自食其力才有保障

> 如果你陷入困境，那不是你父母的过错，不要将你理应承担的责任转嫁给他人，而要学着从中吸取教训。
>
> ——比尔·盖茨

"自力更生，丰衣足食"，虽朴素却为真理。湖滨中学的构想是通过引进计算机技术让学生开阔视野，可是这是一笔持续的高消费，学校难以承担。第一笔资金就是依靠母亲俱乐部的拍卖筹措出的3000美元租用费，而一转眼6个月过去了，第一次的计算机租用期限到期了，学校只能再一次求助于母亲俱乐部。伟大的母亲们为了孩子的成长当然不遗余力，学校又得以延续租约。可是对于使用计算机的个人来说，每小时40美元的上机费用就不是每个妈妈都能承受得起的了，即使是比尔·盖茨的妈妈也不例外。

湖滨学校再也不能依赖母亲俱乐部筹集资金了，而妈妈们也不能为着迷的孩子们付出每小时40美元的上机费用，最终湖滨学校不得不停止计算机的使用。一切似乎命中注定，比尔·盖茨在湖滨中学得到了计算机的启蒙，启蒙结束之后湖滨中学的计算机开放也告一段落，谁能说历史的改变不是必然的呢？在那个特殊的节点上，湖滨中学和比尔·盖茨相遇了，从而一个电脑神童的世界被开启，全世界将迎来一场轰轰烈烈的计算机技术的革命。

在湖滨中学，比尔·盖茨与几个志同道合的朋友走到了一起，他们中除了知识渊博热衷于软件开发的保罗·艾伦，还有同样热爱计算机编程的理查德·维兰德和肯特·伊文斯，在学校还没有停止使用计算机的时候，他们就组成了一个编程小组，希望利用计算机赚些钱，解决持续上机的费用。

"让我们走进现实世界，卖点儿什么给他们吧！"不仅喜欢看计算机方面书籍，而且喜欢看商业方面书籍的比尔·盖茨发出了这样的呼声。

因为热爱和执着，这些孩子们的计算机技术超出了他们年龄应该有的水平，他们还真的陆陆续续找到一些初级软件的编程工作，一个夏天甚至可以赚到5000美元，除去上机费用居然还小有盈余。当然也有的公司请他们帮助解决软件存在的问题，报酬就是免费上机。就这样，比尔·盖茨在计算机软件开发方面的道路奇迹般地走了下去。

比尔·盖茨和朋友们一方面利用自己的技术获得了上机的机会，另一方面不断通过上机获得更多的知识，提升了他们的专业水平，为他们后来的征战世界打下了基础。

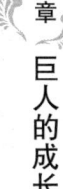

在比尔·盖茨与朋友们四处寻求机会时，有一个机会不期而至。当时华盛顿大学的4个毕业生看好了计算机出租的市场，他们合资购买了一台PDP-10型计算机，创办了一家名为"计算机中心"的公司，这些年轻人利用这台机器向西雅图地区科研单位和企业提供收费服务。而且这些年轻人对初期计算机存在的问题也比较清楚，所以他们与生产商DEC公司签订了合同，条款中规定如果在所购买的计算机使用中发现该机软件存在程序错误，可以延期支付购买该机的款项。也就是说，如果这几个年轻人能不断地发现该计算机的软件问题，他们就可以不断地延期支付他们购买机器的庞大费用，这样他们就可以更从容地赚钱了。

其实并不是DEC公司不愿意及时收回货款，而是他们的软件的确存在严重问题，非常影响客户的使用效果。而且他们当初签订这个合同的时候，并没有想到有一队黑马会横空出世，让他们要么损失一台电脑，要么扮演撕毁合同的坏蛋，不幸的是，这队黑马真的出现了。

有一天，计算机中心公司里来了两位不速之客，他们大言不惭地说他们有编制计算机程序的能力。不是计算机中心公司的4个大学生目中无人，实在是这两个口出狂言的人太让人不能相信了，因为他们一看就是两个乳臭未干的中学生。在当时的计算机技术领域，别说中学生，就连大学生和他们的老师，也未必能说自己真的懂得计算机技术。可是，这两个孩子似乎

比尔·盖茨的微软梦

已经看惯了各种各样质疑的目光，他们镇静地给公司里的人表演了脱口秀，从他们口中流畅地表达出来的都是标准的计算机术语，而且他们对编制计算机程序的技术问题也能侃侃而谈。很快他们就让计算机中心的所有人刮目相看，想必你早就猜到了，这两个中学生就是比尔·盖茨和保罗·艾伦。

计算机中心公司迫不及待地与比尔·盖茨和保罗·艾伦签订了合同，内容是公司可以让两个孩子在下班后无偿使用计算机，条件是两个孩子帮助公司查找计算机程序的漏洞，定期提交问题清单及详细的报告。

这在当时看来是一个双赢的合同，双方各取所需。比尔·盖茨和保罗·艾伦得到了梦寐以求的上机机会，而计算机中心公司也能为客户提供更好的服务以增加收入。因为PDP-10型计算机中的软件程序非常不严密，漏洞百出，客户经常在使用中遭遇死机和系统崩溃的不幸，这大大影响了计算机中心公司的信誉，他们的客户越来越少，他们心急如焚，却束手无策。谁对着一台昂贵的计算机却无法收回成本都会很焦虑的，而这种无奈却是因为机器存在缺陷，用几个小时就死机的计算机还不如人脑来得安全，因为人脑虽然慢些，但安全系数更高，这就足够了。一段时间内，计算机中心公司与比尔·盖茨和保罗·艾伦和平共处，相安无事，愉快的合作让双方非常满意。

比尔·盖茨叫上了湖滨中学编程小组的全部成员，在每个计算机中心公司下班后的晚上来到公司的计算机房，全力以赴地研究软件程序。很快，这几个男孩儿就给公司提交了密密麻麻的程序错误报告。当然，在完成了对计算机中心的承诺以后，这些男孩们就疯狂地探索计算机里隐藏的奥秘，他们还向公司的编程员拉塞尔请教，并且认识了比尔·盖茨日后的朋友兼对手加里·基尔代尔教授。他们不放弃每一个学习的机会，包括从废纸篓里拣出公司工作人员丢弃的纸张和文件。就这样，比尔·盖茨和朋友们享受了自由探索的快乐。他们辛勤的工作也延长了计算机中心公司向DEC公司付款的时间，不过也正是这源源不断的错误使得DEC公司最终扮演了一个单方撕毁合同的不光彩的角色，因为他们发现，如果遵守当初的合同，他们可能永远都拿不到那笔机器款了。

商场是残酷的，尽管计算机中心公司的几个年轻老板们手握合同，但是最终也没能保住他们的计算机。在DEC公司的强行索回之下，他们的公司解体了。

可是，对于比尔·盖茨和他的伙伴们来说，在计算机中心公司上夜班的这段经历着实难忘。"我已经深陷其中，"比尔·盖茨说，"那时候我成了一个计算机迷，我的心黑夜和白昼都被计算机占据着。"

"我们每天晚上都到那里去工作好几个小时，那是一段非常开心的日子。"保罗·艾伦也这样说。

在没有自己的计算机的日子里，几个大男孩把自己的技术

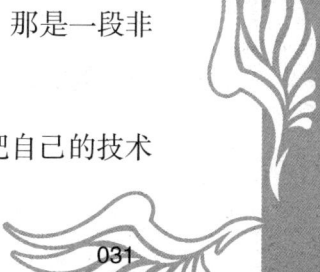

转化成了金钱，他们对计算机软件的了解越发深入，而且在四处寻找机会的日子里，比尔·盖茨的商业意识逐渐显露，这无疑为日后他踏入商圈积累了宝贵的经验。

第二节　没有规矩不成方圆

> 走出学校后的生活不像在学校一样有学期之分，也没有暑假之说。没有几位老板乐于帮你发现自我，你必须依靠自己去完成。
>
> ——比尔·盖茨

在《孟子》的《离娄章句上》中，孟子表达了他的政治主张，希望施政者"法先王"和"选贤才"，在这篇文章里他举了一个例子来说明自己的观点。后人对儒家"仁政"观并不陌生，反而对文章中的例子非常感兴趣，孟子提到的"不以规矩，不能成方圆"就成了我们熟知的格言警句。

孟子用具体的事例来说明，即使是天才也应该遵守一定的法则，否则也将一事无成。他说："离娄之明、公输子之巧，不以规矩，不能成方圆；师旷之聪，不以六律，不能正五音；尧舜之道，不以仁政，不能平治天下。"

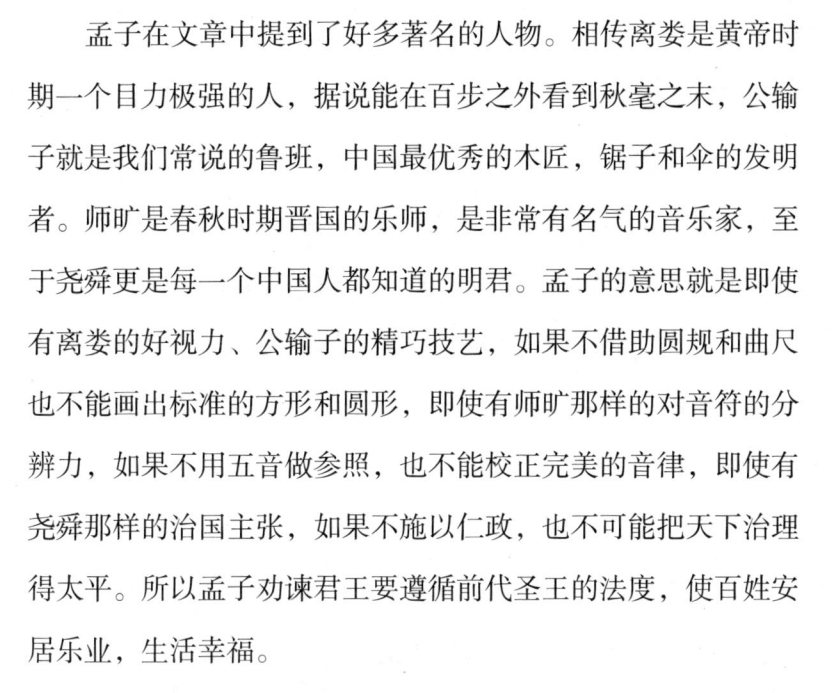

孟子在文章中提到了好多著名的人物。相传离娄是黄帝时期一个目力极强的人，据说能在百步之外看到秋毫之末，公输子就是我们常说的鲁班，中国最优秀的木匠，锯子和伞的发明者。师旷是春秋时期晋国的乐师，是非常有名气的音乐家，至于尧舜更是每一个中国人都知道的明君。孟子的意思就是即使有离娄的好视力、公输子的精巧技艺，如果不借助圆规和曲尺也不能画出标准的方形和圆形，即使有师旷那样的对音符的分辨力，如果不用五音做参照，也不能校正完美的音律，即使有尧舜那样的治国主张，如果不施以仁政，也不可能把天下治理得太平。所以孟子劝谏君王要遵循前代圣王的法度，使百姓安居乐业，生活幸福。

其实孟子说的这番话对每个个体而言都行之有效，尤其是对那些天才来讲，只有加以适当的约束才能使他们的价值真正显现出来，否则不过是明珠蒙尘。

随着比尔·盖茨对计算机的了解，他越来越能掌控计算机了，一向大胆的他经常闯祸，严重的时候竟然差点断送了他在计算机软件道路上的前途。

比尔·盖茨一伙人可以说是最早的黑客了。一般情况下，要先输入使用者的姓名和密码才能使用PDP-10计算机，并且是在允许的范围内调用存储在机内的信息资料。然而比尔·盖茨却生出一个可怕的想法，他竟然想通过越过计算机防护系统达到随意使用信息资料的目的，更可怕的是，他真的做到了。

"穿越"最早的防火墙让比尔·盖茨这些少年兴奋不已，其实，他们还只是些没长大的孩子，恶作剧的心理使他们不计后果。他们通过篡改计算机数据把自己使用计算机的时间减少了，为此他们省下了一笔钱，他们得意非凡，以为天衣无缝，没想到，他们的恶劣行径还是被计算机中心公司的人发现了，公司的人找到了校长，于是这些孩子受到了6个星期不能上机的惩罚。

其实，最开始的时候，比尔·盖茨并不是一个很好的合作伙伴，他经常率性而为，不遵守商业规则，总是给他人制造麻烦。终于有了自由操控计算机的机会以后，比尔·盖茨更加肆无忌惮地进行他的"探索"与"发现"，可是这种"探索"与"发现"行为带来的后果就是经常使整个系统崩溃，让客户无法正常使用计算机，这就使客户对公司的信任大打折扣，给公司造成了惨重的损失。为此比尔·盖茨经常被批评，也使他对计算机的使用特权受到限制。年轻意味着进取，也意味着破坏，比尔·盖茨就验证了这句话。

对于一次又一次的惩罚，比尔·盖茨并不以为意，而且甚至有愈演愈烈的趋势。当比尔·盖茨得知华盛顿大学的PDP-10计算机与全国计算机网络联网的时候，他又跃跃欲试了。他知道那个赛伯纳网络上的信息量是庞大的，绝非他所接触的任何一家小型公司计算机所能匹敌的，而且控制数据公司也在这个网络上运营。因此，他萌生了一个非法进入该网络的念头，而且马上开始付诸实践。

比尔·盖茨开始搜集整理并研究控制数据公司的资料，在对该计算机及软件有了一定的了解后，他佯称应试需要，居然到华盛顿大学弄清了该校计算机网络建立的详细情况。那些回答他问题的人根本没想到，就是这个16岁的孩子在获得了所有信息以后能做出多么恐怖的事情。

比尔·盖茨整合了自己手里的资料，他轻而易举地就把自己设计的程序输入了赛伯纳网络的主计算机内，而这台主计算机则毫无分辨力地以最快的速度把这个程序分别输送到了网上所有的计算机里面，于是，几分钟以后，整个网络陷入了瘫痪状态。这一次大祸使比尔·盖茨被迫答应永远不接触计算机。

1970年，比尔·盖茨远离了计算机，至少他的手这一年都没触摸过计算机键盘。一年的沉寂让比尔·盖茨开始考虑自己的未来。"把这件事情放一放吧。"比尔·盖茨的父母规劝他们这个爱闯祸的儿子。比尔·盖茨接受了父母的建议，他开始把精力分散开来。他对自然科学、数学和其他学科都投入了精力，并取得了较好的成绩。名人传记、文艺作品和商贸书籍都列入了他的读书计划，这些书籍对他也产生了深远的影响。《富兰克林传》和《拿破仑》激发了比尔·盖茨的雄心，伟人的事迹让比尔·盖茨热血沸腾，从小就不服输的他在激扬的文字里感受到了生命的昂扬。

比尔·盖茨无疑是一个计算机天才，一个16岁的孩子能攻克全国计算机网络，这不能不说是一个奇迹。但是我们不能因为比尔·盖茨是一个天才就否认他行为上的问题，如果放任比尔·盖茨发展下去，那么，这个天才一定会在某一天彻底丧失接触计算机的权利。所以1970年的惩罚对比尔·盖茨而言是一个有益的限制，从此让他对生活多了一份理性，这才有日后比尔·盖茨在计算机软件界的王者地位。

第三节　是龙绝不该永远盘着

电视中的许多场景绝不是真实的生活。在现实生活中，人们必须埋头做自己的工作，而非像电视里演的那样天天泡在咖啡馆里。

——比尔·盖茨

沧海横流方显英雄本色，是龙绝不能永远盘着，是虎绝不会永远卧着，当你是不可代替的人的时候，你就应该果敢地站出来，完成你的使命。

比尔·盖茨在计算机软件领域里绝对算得上一条巨龙，即便他刚刚开始腾飞的时候遇到些内在外在的障碍，他也不会永远沉寂下去。

经过了一年的修正，比尔·盖茨迎来了1971年。在过去的1年里，比尔·盖茨阅读了大量的书籍，也有了机会接触成年人的世界。

在比尔·盖茨被迫远离计算机的时候，他的父亲威廉·亨利·盖茨二世已经是知名律师，与他来往的都是社会名流，真可谓往来无白丁。在家庭聚会中，那些地位很高的人经常对社会生活发表一些精辟的见解，那些人明白政治，懂得经商，良好的教育背景使他们的语言表达流畅，而且具有感染力。所以虽然呆在家里，比尔·盖茨对更广阔的现实世界却平添了一些直观的感受和一些理性的判断力，这也是他日后创业时比同龄人更具远见也更有魄力的原因之一。或许这也是命运的安排，让比尔·盖茨在适当的时候停下来，对自己的人生进行更有指导意义的思考吧。

经过这样的沉淀，当保罗·艾伦又一次因为计算机来找比尔·盖茨的时候，比尔·盖茨对重新介入这一领域的态度少了几分游戏，多了几分认真。

"既然你们要我参加，就得让我管理这个项目。"比尔·盖茨对保罗·艾伦说。

原来，俄勒冈州波特兰市一家信息科学公司对湖滨中学的年轻计算机编程高手是颇有耳闻的，当他们需要为一家客户编制一道工资表的程序时，他们想到了这些年轻人。

"你们可不可以帮我们编写这个程序？"信息公司的代表问保罗·艾伦和理查德·维兰德。

"让我们考虑考虑。"保罗·艾伦没有立即答应对方，他觉得这件事需要比尔·盖茨和肯特·伊文斯的参与。

经过一年的修身养性，比尔·盖茨似乎比一年前成熟多了，他深知这件事看起来简单，其实操作起来非常复杂，所以他对保罗·艾伦提出了自己做项目管理人的要求。从后来事情的发展看来，比尔·盖茨所想的都是正确的。

保罗·艾伦是一个对编程更感兴趣的人，所以他同意了比尔·盖茨的要求，巧合的是，这种分工与定位正是日后几十年两人的合作模式。

一个人在成长过程中难免受到家庭的影响，比尔·盖茨也不例外。而且比尔·盖茨真是幸运，他有一个能干的律师爸爸和一个开明的教师妈妈，因此他受到的都是正面的影响。在律师家庭耳濡目染的比尔·盖茨还不到16岁，就对法律条款和商业合同一类的东西相当敏感了。所以在与商人打交道时，比尔·盖茨并不胆怯，他照章办事，把责权利分得相当清楚。他的成熟与老道让那些在商圈中摸爬滚打多年的成年人都赞叹不已。

其实编制工资表的程序并不是员工与工作量这样简单的处理关系，还需要对税法、工资扣除法以及其他与工资有关的法律知识有准确的理解，所以这个项目做下来，比尔·盖茨不仅在程序编制方面，而且在商业经营方面有了非常大的收获。比尔·盖茨这一次出手，不仅按版权协议这种比较长久的收益方式得到了报酬，还获得了那家信息科学公司大约价值10000美元的计算机使用时间。海底的蛟龙不动则已，一动起来真能掀起惊涛骇浪。要知道，当时的比尔·盖茨还不到16岁。

这一次与信息科学公司的合作让比尔·盖茨更是声名远扬，而原本对比尔·盖茨使用计算机心有余悸的校方，这时候也看好了比尔·盖茨的编程能力。

1971年6月，湖滨中学计划编制一个课程表程序，用以解决由于课程不同带来的课堂人数不均衡的问题。此时湖滨中学的人数已经增至400多人，人数悬殊的情形就显得更为严重了，所以校方亟待解决这一问题。他们首选的编程人员就是比尔·盖茨，因为此时比尔·盖茨已经是校园里著名的数学天才和计算机天才了。

"很抱歉，我想我恐怕无法完成这个重任。"没想到的是比尔·盖茨拒绝了校方的重托。比尔·盖茨拒绝为学校服务并不是因为学校曾经禁止他使用计算机而令他怀恨在心，而是他在郑重地考虑自己未来的发展道路。"今后我究竟该不该继续同计算机打交道了呢？编制计算机程序会不会成为我终生的事业呢？"这个问题困扰他很久了。

一向尊重学生意愿的湖滨中学当然不能强迫比尔·盖茨

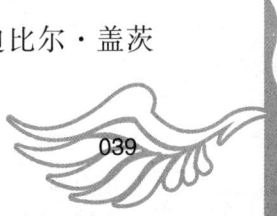

来完成这个任务，他们只能另觅人选。第一个被委任的是学校新来的数学老师，但是还没等程序有什么眉目，这位数学老师就罹难于一次飞机失事。第二个接受这项工作的是比尔·盖茨的老朋友肯特·伊文斯。遗憾的是，在接受任务的一个星期以后，肯特·伊文斯不幸死于一次登山探险。这可真是无比诡异，区区一个课程表程序却好像被什么人施了魔咒，接触它的两个人都死于非命，这就为此事笼罩了一层神秘而沉重的迷雾。

肯特·伊文斯的离去让比尔·盖茨非常痛心，他绝不相信课程表程序的编制是一个不祥的任务，他主动找到刚刚毕业的保罗·艾伦，希望两个人携手完成肯特·伊文斯没能完成的工作。保罗·艾伦毫不犹豫地答应了比尔·盖茨的请求。

那个夏天，比尔·盖茨和保罗·艾伦把对朋友的怀念变成了动力，他们使用的是信息科学公司的计算机，湖滨中学支付了全部的上机费用。在繁复的程序语言转换中，两个人逐渐从失去朋友的痛苦中走出来，他们终于按照学校的要求编制了一个严密科学的课程表程序。能够为这套程序的完美做出证明的是时间，因为直到现在，湖滨中学还在使用比尔·盖茨与保罗·艾伦编制的课程表程序，只是做了一些微调而已。虽然计算机软件开发一日千里，可是几十年过去了，向来是改革先行者的湖滨中学依旧使用这个老程序足以说明比尔·盖茨与保罗·艾伦两个人是真正的计算机天才，而他们在日后称雄计算机软件开发领域就一点也不足为怪了。

比尔·盖茨不仅给自己带来了快乐，也给同学们带来了快乐。因为在比尔·盖茨的课程表里面，高年级的学生们在每个星期二的下午都可以自由活动——那个下午没有课。

第四节　年龄不是问题

机会大，并不等于你就会成功。

——比尔·盖茨

"有志不在年高，无志空活百岁"，有人年纪轻轻就获得无数荣誉，有人耄耋之年依旧碌碌无为。所以发奋应尽早，免得在时光流逝之后只落得空悲切的不幸结局。而且，时代在变化，人们已经逐渐改变以貌取人的旧观念，只要你真的有本事，你一定能找到属于自己的舞台。

比尔·盖茨还在中学时代就有了很多工作经验，除了因为恶作剧引发的一些事故，他在专业方面还从来没有失败过。并且越到中学高年级，比尔·盖茨越显露出他做事稳重的一面，他把他的破坏力降到了最低点，于是机遇与成功慢慢向他靠近了。

1973年，比尔·盖茨又有了一次工作的机会，这次他又是与保罗·艾伦联手，完美地完成了一个艰巨的任务。1973年初，有一家国防用品公司TRW公司与美国国防部签订了一个计算机系统设计的合同，具体要求是利用这套系统通过PDP-10型计算机监测和控制西北地区太平洋沿岸水库的发电量，以保证水库电力的供需平衡。在合同里有一条是关于监控系统可靠性的，为了确保能源的平衡，规定了新的监控系统的误差率不能超过1%。这个要求对现在的计算机而言应该不成问题，但是对于当时的PDP-10型计算机来说就是过于苛刻了。

　　当年比尔·盖茨与伙伴们在计算机中心公司里加夜班以求得免费上机的机会时，公司开出的条件就是找出PDP-10型计算机的软件问题，结果比尔·盖茨、保罗·艾伦等几个孩子竟然提交了密密麻麻的错误清单，最终结果却是因为他们太过敬业而终结了计算机中心公司的生命。

　　可是TRW公司并没有比尔·盖茨与保罗·艾伦那样的高手，他们在不断死机的PDP-10型计算机面前束手无策，工人罢工可以谈条件，可是机器罢工就没有对话的可能了。TRW公司的老板眼见合同规定的日期越来越近了，不禁焦头烂额，他知道对国防部违约的后果可是不堪设想的。

　　TRW公司广发英雄帖，希望有人能为他们排忧解难。可是远水解不了近渴，就在这个时候，公司里有一个技术员发现了新大陆——一本记满了PDP-10型计算机程序错误清单的报告书。他如获至宝，马上查看发现这些错误的高手究竟是何许人也，于是他看到了比尔·盖茨和保罗·艾伦的名字。

"请问您是比尔·盖茨吗？""是的。您有什么事情吗？"技术员在电话里向比尔·盖茨说明了情况，并且请比尔·盖茨与保罗·艾伦去温哥华面试。"保罗，我们去吧，我觉得这是一个赚钱的好机会。"比尔·盖茨在电话里对保罗·艾伦说。

当时保罗·艾伦已经在华盛顿州立大学里上二年级了，可是在大学的两年里他没有像比尔·盖茨这样志同道合的好朋友，也没有遇到像比尔·盖茨那样精通计算机软件的伙伴，他正觉得无聊的时候接到了比尔·盖茨的电话，这通电话就像兴奋剂一样让保罗·艾伦瞬间精神百倍。尤其让他激动不已的是这一次应聘TRW公司的工作，他得到的将是名正言顺的工资，而不是一次性或以用上机时间替代的方式获得报酬。

保罗·艾伦当然迫不及待答应了比尔·盖茨，而比尔·盖茨也顺利地向湖滨中学请了假，开明的学校给了比尔·盖茨一个学期的时间。就这样，两个年轻人坐上了从西雅图到温哥华的火车，两地距离160英里，也是这两个少年走向成功的距离。

"怎么会是两个学生？他们能行吗？"TRW公司的人看到比尔·盖茨和保罗·艾伦的时候都非常失望。比尔·盖茨和保罗·艾伦可不怕计算机考试，他们就害怕招聘单位以貌取人，以年龄论英雄。

考试的结果当然毫无悬念，两个有真才实学的小伙子得到了他们想要的工作，而且他们的身份是名副其实的计算机编程员，再不是打零工的毛孩子了。尽管两个孩子家境都很好，可是自己赚工资的感觉实在是太美妙了，每周165美元的薪金，想想都让比尔·盖茨和保罗·艾伦开心，这证明他们长大了，尽管在年龄上他们还不算大。

比尔·盖茨和保罗·艾伦在温哥华的一套公寓里忙碌起来。他们依旧分工明确，比尔·盖茨负责数据的编码工作，保罗·艾伦则负责修复不断出现问题的系统。他们合作默契，工作效率极高，而且他们身边又有很多善良又专业的计算机编程高手，经常和他们一起讨论，使他们在计算机编程方面更上一层楼。

在TRW公司，比尔·盖茨遇到了一个对他日后编程工作和做事风格影响至深的良师益友——约翰·诺顿。

比尔·盖茨非常喜欢约翰·诺顿这个人，而且在微软公司里，比尔·盖茨也经常会像约翰·诺顿那样处理程序员之间的关系。约翰·诺顿也是一个奇才，他的记忆力超强，枯燥单调的操作系统条例他能毫不迟疑地背诵出来，而这种条例可能长达5000页。因为他对计算机操作系统了如指掌，所以他对计算机程序能做出相当中肯的评价。他性格直率又不乏宽厚，在指

出新程序问题的时候既一针见血又风趣幽默，总能让人很容易接受批评又心甘情愿地改正错误。

约翰·诺顿也极其欣赏比尔·盖茨，他经常逐条阅读比尔·盖茨编写的程序，而且会当面指出程序存在的问题或可以改进的地方。比尔·盖茨从约翰·诺顿那里不仅学到了很多编程的技巧，还学会了很多做人的道理。在TRW公司里工作了3个月后，比尔·盖茨和保罗·艾伦圆满地完成了任务，TRW公司终于在截止的日期前完成了合约的要求。

此后，比尔·盖茨回到湖滨中学继续做他的学生，他疯狂补习欠下的功课，期末考试成绩不错。可是他最拿手的计算机却只得了一个"B"，原因是他的"学习态度"有问题，因为他从来没有听过一堂课。

这个计算机成绩得"B"的中学生却已经参与了美国国防部的项目。所以，年龄不是问题，学历也不是问题，只要你有上九天揽月的本领，你就绝不会被埋没。

Bill Gates

第三章　十字路口的路标

■ 第一节　逃避不是好办法

■ 第二节　不畏浮云遮望眼

■ 第三节　掌控计算机的心脏

■ 第四节　找到志同道合的朋友

■ 第五节　绕开不喜欢的自己

Bill Gates

第一节　逃避不是好办法

> 如果你相信每个生命都是平等的，那么当你发现某些生命被挽救了，而另一些生命被放弃了，你会感到无法接受。
>
> ——比尔·盖茨

人生就是在十字路口上的选择，哈姆雷特的痛苦每个人都有。

哈姆雷特是英国著名戏剧大师莎士比亚笔下最为人们熟悉的一个悲剧人物。丹麦王子哈姆雷特原本生活在阳光下，父亲宽厚母亲温柔，他还有一个爱恋着的美丽女孩奥菲利亚，可是厄运突降，叔叔克劳狄斯毒死了王兄，并娶了仍旧美丽的嫂嫂乔特鲁德。父亲的鬼魂夜半出现在皇宫，哈姆雷特得知了父亲被害的真相，从此，复仇成了这个王子唯一的使命。哈姆雷特陷入了痛苦之中，他觉得生活中除了爱情，美好的东西全部离他而去，而浪漫的爱情又是与血腥的复仇格格不入。生性善良的王子哈姆雷特知道复仇就意味着风险，而不复仇就永远受到良心的拷问，他犹豫不决。

比尔·盖茨的微软梦

"生存或毁灭,这是个必答之问题:是应默默地忍受坎坷命运之无情打击,还是应与深如大海之无涯苦难愤然为敌,并将其克服。此二抉择,究竟是哪个较崇高?"这就是剧本里著名的台词,哈姆雷特将何去何从?真是一个难题。

最后哈姆雷特选择了复仇,在刺杀了仇人以后自己也因仇人的奸计中朋友的毒剑而死,留下了人们对这位可爱可敬的王子的永久怀念。哈姆雷特是悲剧的主角,他面临的问题似乎过于沉重,而世间事大同小异,人们总要在两难中做出选择,比如在哈佛大学读书的比尔·盖茨就一直对自己该走哪条道路摇摆不定。

不得不说,比尔·盖茨是一个非常优秀的学生,从湖滨中学毕业以后,他遂了父母的心愿考上了世界一流大学哈佛,攻读法律专业。一切看起来是那么顺理成章,大律师的儿子读法律,将来子承父业,也会在法律界有所建树。

但是计算机迷比尔·盖茨从没有真正忘记自己的最爱,在读与计算机无关的书籍的时候,尽管他也能有很多收获,但是他就是感觉不到兴奋和快慰。

"我要在25岁的时候赚来人生的第一个100万!"这是比尔·盖茨中学毕业时的豪言壮语,那是1973年的夏天。然而,在哈佛按部就班读书的他显然很难实现这个愿望。

比尔·盖茨与保罗·艾伦自联手以来在计算机软件开发上成绩斐然,他们都觉得只有计算机是他们的兴趣点,而计算机的未来发展一定是无法估量的。尽管当时计算机价格昂贵、体积庞大，但是终有一天，计算机会像电视机一样成为一种普通的家用消费品。

"生产计算机成本太高，我们还应该在最擅长的软件开发上下功夫。"比尔·盖茨与保罗·艾伦一致认为。在比尔·盖茨的家里，父亲和母亲都为比尔·盖茨终于走上正轨而感到欣慰，他们觉得孩子对计算机的迷恋将因为考上大学而中断。其实最开始比尔·盖茨也有这样的看法，他认为做个律师也没什么不好，而且哈佛大学人才济济，他可以有更多的学习机会。

"快醒醒，快醒醒啊！"监考老师推醒沉睡的比尔·盖茨同学。原来比尔·盖茨到了哈佛以后并没有进入状态，他始终想着计算机，虽然他学了很多科目，有经济、历史、文学、心理学等必修课，还有数学、物理、计算机等选修课，并且他还同时申报了研究生课程，但是他还是觉得没滋没味。有一次考希腊文学的时候他竟然睡着了，直到考试快结束的时候老师才发现，赶紧把他叫醒。

在这种状态下，即便是哈佛也不能保证比尔·盖茨的未来。在上课之余，比尔·盖茨把时间用在了学校计算机中心，沉溺于游戏中，经常披星戴月而归。不仅是这样，他还与同学们打扑克消磨时间，他把宿舍变成了"棋牌室"，经常找来同学彻夜"鏖战"。

当时，比尔·盖茨从大的集体宿舍搬到了一个有烹饪工

具的小宿舍"卡雷房"。每天晚上,一群男生聚集而来,有赌注的牌局往往非常刺激,这就吸引了一直没有精神的比尔·盖茨。这群学生的赌注并不小,有时候一个晚上就有几百甚至上千美元的输赢。既然不能在计算机方面专心致志,那就在打牌技艺的较量中获得快乐吧。

最初的时候比尔·盖茨常常是输家,但是天生就不服输的他如何肯接受自己的失败?于是他开动脑筋,把记忆力与分析力结合起来,很快就成了纸牌高手,有很多时候他会把人赢得精光,再也不来玩儿了。

"我对学习是有计划的,那就是看看自己在最多逃多少课的情况下拿到最好的成绩。"比尔·盖茨这样说,显然他把读书也当成了游戏。

打牌毕竟不是长久之计,大学生比尔·盖茨感到前路茫茫,他不知道该怎么办。有两个声音在他耳边徘徊,内心的声音是离开哈佛与保罗·艾伦一起继续办计算机公司,来自于父母的声音是勤奋学习做一个体面的律师。比尔·盖茨非常爱自己的父母,他知道自己考上哈佛让父母非常高兴,而从哈佛退学将使他们非常失望。所以他经常在宿舍里面默默思考,可是他总是得不出一个结论,就像哈姆雷特一样,他不知道该怎么办。时间就这样慢慢流逝,比尔·盖茨的焦虑也越来越严重。

其实比尔·盖茨的成绩不错,他经常以临时抱佛脚的方式得到"优"的成绩。而且在很多学科上比尔·盖茨都是极有发展空间的，比如在数学这一科上，比尔·盖茨就表现出了特殊的天赋。

"他上课的时候空手而来，一脸疲惫，但是常常在老师写板书的时候毫不客气地指出老师的错误。"比尔·盖茨的同学亨利·莱特回忆大学时代的比尔·盖茨时这样说。"他只做作业的20%，但那是最有分量的部分，"亨利·莱特对比尔·盖茨的数学能力相当佩服，"他总能把复杂的数学问题分析得清清楚楚，他真是了不起。"

比尔·盖茨在数学方面的才能还让他的数学老师克里斯托斯·潘帕莱米托教授记忆深刻。因为比尔·盖茨解决了一道登在数学杂志上的难题，即厨师煎饼问题：一个厨师在做一叠大小不同的煎饼，他要不断地把上面的煎饼翻到下面，最后按煎饼的大小顺序进行排列，问如果有N个煎饼，需要厨师翻动多少次才能使煎饼按照小的在上、大的在下的顺序排列。

"这个问题远比看上去难得多，但是比尔·盖茨却用最好的办法给解决了，"克里斯托斯·潘帕莱米托教授说，"比尔·盖茨的方法是解决这类问题的一个里程碑，他的方法至少可以影响数学界15年之久。"

克里斯托斯·潘帕莱米托教授把比尔·盖茨的方法整理出来发表在1979年的一期《非线性数学》杂志上，引起了数学界极大的反响。但遗憾的是，比尔·盖茨并没有像老师和同学们预期的那样从事数学研究，不是他本人不想，而是他不想做第二。

"我认识几个数学方面的能力在我之上的数学系的学生，就是这一点让我打消了专攻数学的念头。也许别人会继续坚持下去，但是我不能，我希望做出达到世界水平的大事。而加入数学研究，很可能数年后也一无所获。"比尔·盖茨坦率地说。

就这样，比尔·盖茨在打牌、应付考试和在某些学科方面偶露才华中，过了两年并不如意的大学生活。逃避终究不是好办法，总有一天机会将在逃避中永远丧失，年轻的哈佛学生比尔·盖茨必须要做出选择了！

第二节　不畏浮云遮望眼

> 除非你能够让人们看到或者感受到行动的影响力，否则你无法让人们激动。
>
> ——比尔·盖茨

王安石在《登飞来峰》一诗中这样写道："飞来山上千寻塔，闻说鸡鸣见日升。不畏浮云遮望眼，自缘身在最高层。"诗中说飞来峰上有高高的宝塔，古代八尺为一寻，千寻意指峰高塔更高，在那么高的塔顶听到鸡叫就可以看到日出。即便是有浮云遮蔽了双眼，也不会感到害怕，因为所站之处就是最高的地方。这首诗所讲的虽然是王安石的宏伟理想和伟大抱负，但是对于其他人同样有激励的作用。汉代王充在《论衡·别通篇》中也说过"夫闭户塞意，不高瞻览者，死人之徒也哉"，意思是人要有远见，不能目光短浅，唯有高瞻远瞩，才能实现大志向。

比尔·盖茨和保罗·艾伦还在湖滨中学读书的时候就组建了一个公司，名为交通数据公司，英文写法是Traf-O-Data。公司的名字是比尔·盖茨起的，因为当时他们所做的就是开发处理交通流量数据的软件。他们成绩斐然，从1972年到1973年，他们从客户那里赚到了2万美元，这让比尔·盖茨觉得软件开发利润相当可观。尽管后来这个公司因为比尔·盖茨毕业离开学校而名存实亡，但是比尔·盖茨已经产生了自己组建公司靠开发软件赚钱的想法。这个想法因为一些原因被搁浅，可是从没在比尔·盖茨的心底消失过，直到机会再一次来临。

这个机会就是为阿尔塔8800计算机设计语言程序这件事。自从艾德·罗伯特设计出第一款个人计算机阿尔塔8800以后，比尔·盖茨和保罗·艾伦就疯狂地沉浸在为阿尔塔8800设计程序的工作里。他们废寝忘食，最终成功地推举阿尔塔8800在世人眼前华丽亮相。从罗伯特的发家和阿尔塔8800受欢迎的程度上看，比尔·盖茨与保罗·艾伦所期待的计算机时代来临了。

比尔·盖茨面临过许多选择，其中最难的莫过于他从哈佛退学出来开办公司的那一次。

比尔·盖茨的父亲虽然出身平民，但是因为他勤勉好学，进入了华盛顿大学法律系，毕业后当上了一名律师，经过几年的打拼，在比尔·盖茨出生时已经有了一定的社会地位。比尔·盖茨的母亲玛丽·马克斯韦尔出身名门，玛丽的祖父马克斯韦尔是一个大银行家，还曾出任过华盛顿州南本德市的市长和州议会议员，玛丽的父亲詹姆斯·威拉德·马克斯韦尔毕业于华盛顿大学，在银行里从信差做起积累了很多的经验，后来成为美国太平洋国民银行的副总裁，这家银行是美国九大银行之一。出身于富贵之家的玛丽·马克斯韦尔接受了良好的教育，大学毕业后她曾做过教师，非常受人们尊敬。

比尔·盖茨还是少年的时候，爸爸威廉·亨利·盖茨二世与玛丽·盖茨在社会上就都很有影响了，所以他们希望自己的孩子能有一个体面的工作，至少也应该到知名的学府去充实自己。他们期待比尔这个一直表现不俗的孩子能子承父业，当一名大律师。

一方面为了满足爸爸妈妈的愿望，另一方面为了证明自己有能力考上名牌大学，比尔·盖茨高中毕业后选择了哈佛，而且他顺利地进入了那所世界著名学府攻读法律专业。

一切好像都很完美，可是一切又都发生了改变。当时比尔·盖茨与保罗·艾伦的搭载了BASIC语言的阿尔塔8800上一直处于热卖之中，两个年轻人觉得计算机软件的开发前景无限，而且时不我待，如果错过了这个最初的发展时机，以后想要跟上时代就难了。他们认为当务之急就是开办一家自己的软件公司，专门出售自己研发的软件。

比尔·盖茨面临着人生第一个大的抉择，是应该把学业继续下去，还是应该按照自己内心的愿望走出校门成为一个软件开发商，这真是一个值得思考的问题。最终，比尔·盖茨确信自己能在计算机软件开发领域做出一番事业，他选择离开哈佛。

比尔·盖茨的确对自己有非常准确的判断，追求完美的他从来都不会给自己的程序画上句号，因为所有的程序都存在问题，只是问题的多少有所不同，因此只有以严肃认真的态度坚持不懈地改进才能不被替代或超越。比尔·盖茨研发的BASIC语言虽然在阿尔塔8800身上非常适应，并且好评不断，可是比尔·盖茨和保罗·艾伦这两个专家还是经常在自己的程序中发现各种各样的问题。他们通过电话频繁沟通，在比尔·盖茨的改进下，他的BASIC语言已经鹤立鸡群，在后来的几年里都没有人能超越。

得知了儿子要从哈佛退学的消息，威廉·亨利·盖茨二世和玛丽·盖茨都慌了手脚，尽管他们的家庭氛围以民主自由著称，但是从哈佛退学这个决定太可怕了，那可是一般人可望而不可即的最高学府呀！而且放弃哈佛的学业只是为了一些乱

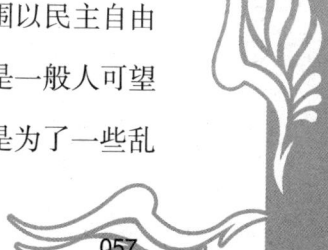

七八糟的数字代码，这简直就是胡闹！

玛丽·盖茨请来了老朋友，一个非常善于与人交流并说服别人的千万富翁斯托姆，请他劝劝这个不知天高地厚的儿子。

斯托姆是一个在计算机产业和商业管理方面都很有经验的人，他没法想象一个大学都没毕业的法律专业的学生能在计算机软件开发与营销方面有什么作为，他答应了比尔·盖茨的父母，规劝比尔·盖茨回头。

年轻的比尔·盖茨放假的时候被斯托姆邀请到雷尼尔俱乐部参加宴会，那里山清水秀，很多名人聚在一起度假休闲，当然他们的话题绝对不是柴米油盐。

"我对未来的构想是这样的……"比尔·盖茨同斯托姆聊了起来。

听着听着，斯托姆就想起了自己的创业史，他觉得面前的这个年轻人就是自己的翻版，而且他的想法要比当年的自己还要成熟。斯托姆极其佩服比尔·盖茨放弃哈佛而投向一个未知世界怀抱的勇气，他也欣赏比尔·盖茨的远见卓识，在计算机行业拼搏多年，斯托姆深知不久的将来计算机将成为人们生活中不可或缺的日用品，而一旦一件东西成为大众日常消费，那么，这件东西潜藏的商业价值也就不可估量了。斯托姆改变了初衷，他鼓励年轻的比尔·盖茨好好干，他明白完成一项伟大的事业就必须有决绝的勇气和无限的激情。

度假回来，让盖茨夫妇错愕的是斯托姆居然没有完成任务，不但如此，斯托姆还成了比尔·盖茨退学的支持者。玛丽·盖茨虽然对斯托姆深表不满，但是她也只能接受这个事实。

在哈佛大学法律系一边打扑克、一边设计程序、一边考出好成绩的比尔·盖茨，读了两年以后跟哈佛说再见了，这在哈佛校史上成为了一个特殊的事件。

比尔·盖茨能放弃哈佛的学位而开设只有几个人的小公司，这在一般人看来他一定是疯了。但是比尔·盖茨所做的决定可不是一时的心血来潮，在接触计算机的几年里，他越来越感觉到计算机是一项伟大的发明，而这个发明将对人类的生活产生重大的影响。尤其是他与保罗·艾伦对罗伯特那台个人计算机量身打造的软件成功了以后，他更觉得要抓住计算机软件开发最初的黄金时期，走在时代和整个领域的前列是刻不容缓的大事。于是，20岁的比尔·盖茨背井离乡，来到新墨西哥州的阿尔伯克基，开始了他的传奇之旅。

犹豫不决的弊端不言自明，多少机会在左顾右盼、瞻前顾后中离你而去，留下无穷无尽的懊恼和悔恨。但是人生恰恰就是一个个十字路口的连接，与谁做朋友、到哪里去读书、该为谁工作、为什么而活，这些都需要选择，可是时间和生命不会停顿下来让你挥霍，你一定要及时做出正确的选择。

在人生的十字路口，比尔·盖茨带着梦想的激情又不失理智地选择了一条属于自己的路。辍学未必适合每一个人，但是根据自己的实际情况做出明智的选择却适合每一个人。

第三节　掌控计算机的心脏

让你最不耐烦的客户是你最大的学习来源。

——比尔·盖茨

一个肌体里面每个器官都有用处，但是这些器官的作用不尽相同，而且对肌体的重要程度也不同。如果用人体来打比方，谁都不能否认心脏的重要地位，尽管还有其他"四脏"，但是没有强大的心脏，肌体的力量显然是没法保障的。而对于计算机而言，先进的软件就是它的心脏，至少比尔·盖茨是这样认为的。

保罗·艾伦大学毕业后在波士顿找了一份工作，后来比尔·盖茨考上了哈佛，两个老朋友就经常在周末的时候畅聊计算机和未来。有时候他们也很惆怅，因为保罗·艾伦觉得他的工作没有意思，而比尔·盖茨觉得他的学业是对他的折磨。他们谈论最多的话题就是计算机，他们共同的愿望就是一起创办一家计算机软件公司，因为比尔·盖茨认为计算机软件是"计算机的灵魂"。

比尔·盖茨下定决心辍学经商与保罗·艾伦的影响和一个计算机开发商艾德·罗伯茨有很密切的关系。

1974年，英特尔公司推出了一款8080芯片，这是该公司继8008微处理器后在计算机硬件上的又一突破。8080芯片体积与8008差不多，但是它的功能却比8008强大10倍，光晶体管就有2700个，价格也只有200美元。

"这是真正的计算机的心脏！"比尔·盖茨和保罗·艾伦共同发出惊呼。

"笨拙的大型计算机的末日不远了！"比尔·盖茨说。

比尔·盖茨和保罗·艾伦觉得一种对每一个人都堪称完美的计算机就要诞生了，就是那种个人化、价位合理，并且适应性强的家用计算机。所以他们认为当务之急就是为8080这种未来芯片的核心来开发软件，于是他们给各大公司写信，希望能有公司聘请他们为8080芯片编写一种新语言。

可惜，当时能够预见到计算机个人化的人并不多，他们发出去的信石沉大海，比尔·盖茨和保罗·艾伦都非常失望，比尔·盖茨甚至都想拎起行李回家过寒假了。好在，世界上总是有让人意想不到的事情发生。

有一天，保罗·艾伦又来哈佛找比尔·盖茨，他被校园广场的书报亭里新一期《大众电子》的封面吸引住了。这一期杂志的封面上不是电子界的名人，而是一只烘烤箱大小的计算机，名叫阿尔塔8800，售价不到400美元。"世界上第一台

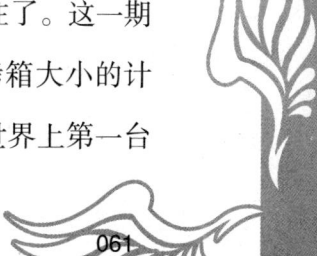

微型计算机向商用计算机挑战！"杂志的封面上还有这样一句话。

保罗·艾伦买下杂志飞快地跑到比尔·盖茨的宿舍，他们兴奋极了，一切如他们所预见的那样，全新的计算机时代已经到来了！让两个年轻人更加兴奋的是，这台阿尔塔8800计算机搭载的正是8080芯片！

比尔·盖茨和保罗艾伦非常着急，因为他们知道事情已经开始了，而他们还在门外，他们迫切地希望进入到计算机领域的核心中去，现在已经是最后的时刻了。虽然还没有与阿尔塔8800相匹配的应用程序，但是很快就会有的，会编程序的人不止比尔·盖茨和保罗·艾伦两个人。

"参与到计算机革命的第一阶段是我一生中的第一个机遇，"比尔·盖茨回忆时庆幸地说，"我抓住了它。"比尔·盖茨和保罗·艾伦一边着手为8080芯片编写新语言，一边联系阿尔塔8800的开发者艾德·罗伯茨。

艾德·罗伯茨是新墨西哥州阿尔伯克基一家微型仪器遥测系统公司的老板，他身材魁梧，精力过人，性格倔强，做事风格也很强硬，大有不达目的不罢休之势。

艾德·罗伯茨曾在空军部队服役，后来又在机场工作过，可是他本人非常热爱电子事业，所以服役期间他就开办了微型仪器遥测系统公司，出售模型飞机与火箭的无线电遥控装置。退伍以后他更把全部精力投注到电子设备的营销上来，专营商业计算机。

本来一切都不错，艾德·罗伯茨曾是美国唯一一家销售计算机的公司，市场被他一个人占有，他大大赚了一笔。可是好景不长，随后跟进的一些公司经济实力更加雄厚。

1975年，在价格大战中艾德·罗伯茨不仅没有保住自己的阵地，反而损失惨重，公司竟负债25万美元。对于艾德·罗伯茨来说，这一切太荒谬了，他不会轻易后退，他要绝地反击。

艾德·罗伯茨也真的很能干，他看到英特尔公司推出了8080芯片以后，觉得时机来了，如果能生产一种满足计算机爱好者个人需要的小型计算机，那么他就可以打一个漂亮的翻身仗了。

不得不说艾德·罗伯茨是一个精明又有见地的商人，他同英特尔公司联系上后，声称自己将大量购买8080芯片，最终他以75美元的价格买下了原本售价350美元的8080芯片，这样艾德·罗伯茨的计算机成本就大大降低，每台不过397美元。

艾德·罗伯茨与工程师们抓紧时间设计个人计算机，有一个人却在为这款机器的名字大伤脑筋，这个人就是纽约《大众电子》杂志的技术编辑莱斯·所罗门。

莱斯·所罗门一直都很关注计算机的最新信息，当他得知艾德·罗伯茨正在开发一款小型计算机时，他跟艾德·罗伯茨说打算让新机器上《大众电子》杂志的封面，艾德·罗伯茨当然高兴，这可是做广告的好机会。但是艾德·罗伯茨却说新机

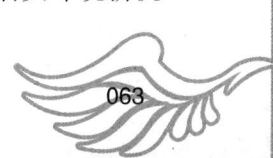

器还没有名字，请莱斯·所罗门帮忙拟一个。莱斯·所罗门答应了艾德·罗伯茨，却毫无头绪，这可是计算机发展史中能载入史册的名字啊。就在这个时候，莱斯·所罗门的女儿无意间给了他一个非常好的名字。

"叫'阿尔塔'不好吗？"正在看电视《星球大战》的莱斯·所罗门的女儿说。真是神来之笔！"阿尔塔"是天上的一颗星星的名字，这颗星星天文学里叫做河鼓2或天鹰座α星，在中国被称为牛郎星，电视里正有一架飞船欲飞到那里。艾德·罗伯茨对"阿尔塔"这个名字也非常满意。而且"阿尔塔"这个名字读起来非常顺耳。在对"阿尔塔"做宣传的时候，艾德·罗伯茨还首次提出了"PC"机的概念，即Personal Computer，"个人计算机"的意思。

其实保罗·艾伦在《大众电子》杂志封面上看到的那款阿尔塔8800并不是一台真正的样机，真正的样机在艾德·罗伯茨按照莱斯·所罗门的要求寄往纽约的时候竟然丢失了。谁能想到，世界上第一台家用计算机的命运是下落不明呢？命运可真会开玩笑！

艾德·罗伯茨只有这一台样机，没办法，为了杂志如期发行，艾德·罗伯茨只能让技术员将一台尚未装好的机器罩上外壳安上开关和指示灯匆匆寄给莱斯·所罗门。好在没有人能看透这台"样机"的真面目。"阿尔塔8800"横空出世，震动了计算机领域。

一时之间，艾德·罗伯茨收到了雪片般的信件，有的是订货单，有的是要求技术合作提供8080芯片和相应软件的。艾德·罗伯茨凭借"阿尔塔8800"彻底翻了身。

面对技术合作申请，艾德·罗伯茨只有一个原则——先到先合作。当比尔·盖茨和保罗·艾伦打电话给艾德·罗伯茨的时候，他们得到的回答就是看到真材实料才有商量，艾德·罗伯茨才不想相信声音还没变好的两个孩子的话呢！可是，最终只有比尔·盖茨和保罗·艾伦最早拿出了与"阿尔塔8800"相匹配的BASIC语言。

艾德·罗伯茨当即决定与两个年轻人合作，这一次合作对双方的意义都是重大的。这也是计算机史上的一个历史性的事件，它宣告了一个全新的计算机时代的来临。因为比尔·盖茨与保罗·艾伦编制的软件使计算机的实用价值得以实现，这也在越来越大的范围内迅速而普遍地推广了计算机及其技术，从某种意义上讲，是艾德·罗伯茨、比尔·盖茨和保罗·艾伦三个人掀起了一场计算机世界的革命。

也正是这场革命使比尔·盖茨做出了最后的决定，他从哈佛退学了，因为他无法总是在电话里与保罗·艾伦商讨还有待于完善的BASIC语言。为了计算机的心脏，一切代价都值得。

第四节　找到志同道合的朋友

> 站在镁光灯下是堕落的，站在讲台上是堕落的，因为他们会让你觉得，你比别人更聪明。
>
> ——比尔·盖茨

在中国历史上有过一个最辉煌的时期，它使天下得知东方有文明古国，对神秘的汉文化充满敬仰，那就是大唐盛世。而唐朝之所以那么强大，与君主的治国思想和个人修养有着极其密切的关系。唐太宗李世民经玄武门事变登得宝座，虽然他当上皇帝的过程充满阴谋与血腥，但是在当上皇帝以后，他却为李氏天下的兴盛殚精竭虑。李世民统治时期，国泰民安，朝野上下一团和气，这些固然与他的才能有关，也与他善于听忠言采劝谏有关，他与大臣魏征的君臣关系更被传为美谈。

据《新唐书·魏征传》中记载，郑国公魏征病逝，皇帝李世民亲自为其撰写碑文以表达自己痛失爱将的心情。李世民还说出了"以铜为鉴，可正衣冠；以古为鉴，可知兴替；以人为鉴，可明得失"的名言。意思是以铜镜作为对照，可以把衣帽穿戴整齐；以历史作为对照，能知道国家的兴衰更替；如果以别人为对照，可以看清自己的成败得失。李世民用形象生动的例子说明行正道兴家国的体会，人要不断自省，而且要有敢说真话有真本事的朋友，他很幸运遇到了魏征，当然魏征比李世民更为幸运，李世民不计前嫌把曾为大哥做幕僚的魏征留在身边，表现出了非凡的勇气和气度。

1975年7月，一家小公司在美国新墨西哥州的阿尔伯克基注册成立了，公司名字叫"微软"，是英语Microcomputer（微型计算机）和Software（软件）的缩写。这个名字毫不张扬，只是简单直接地概括了公司的经营领域和研究对象，公司的两个创办者平均年龄21岁，年龄稍长的叫保罗·艾伦，22岁，年龄稍小的叫比尔·盖茨，20岁，都不是本地人。谁也不会想到，这两个年轻人改变了世界计算机领域的格局。

计算机天才比尔·盖茨建立了微软天下，他的身边当然不乏新朋旧友，而他以诚待人、知人善用，最后留在身边的都是肝胆相照的知音。

比尔·盖茨还在湖滨中学的时候就因为数学与计算机方面的才能成为了名人，他在计算机房结识了保罗·艾伦，从此与保罗结下了深厚的友谊。保罗·艾伦给比尔·盖茨的印象是知识渊博、性格宽厚。保罗·艾伦书生气十足，虽然身材健硕，但是说话柔声细语。他的爸爸曾在华盛顿大学图书馆工作20多年，所以保罗·艾伦得以博览群书，虽为一个中学生，他懂得

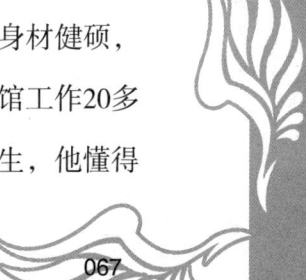

的知识已经非常多了。比尔·盖茨经常问他一些奇怪的问题，而保罗·艾伦几乎是有问必答。诸如汽油是从哪儿来的、"精炼"汽油是什么意思、汽油是怎么驱动汽车的等等，保罗·艾伦的回答总是有趣而易懂。比尔·盖茨与保罗·艾伦还有很多共同爱好，比如他们都酷爱科幻小说，都对数学感兴趣，他们在一起总有说不完的话。很多人都不理解，这两个孩子每天躲在计算机房弄那些稀奇古怪的程序有什么意思，可是这两个怪学生却乐此不疲。

保罗·艾伦比比尔·盖茨知识领域宽，比尔·盖茨数学比保罗·艾伦更好，用比尔·盖茨的原话说，"两个人互为对方的资料库"。保罗·艾伦比比尔·盖茨高两个年级，但是共同的兴趣爱好和志向追求让他们携手开创了一个伟大的事业。

西蒙伊也是比尔·盖茨好友榜上长期留名的人。西蒙伊于1948年生于匈牙利，身为电气工程教授的儿子，他从小就被父亲寄予厚望，希望他也能成为一名工程师。西蒙伊没有辜负父亲的期望，在匈牙利堪称计算机神童，他设计的第一款软件就被国家买去用于国家建设。

西蒙伊编写计算机软件的条件并不比比尔·盖茨好多少，匈牙利的计算机技术并不很发达，所以西蒙伊是在一台俄国生产的笨重无比的老式计算机上开始自己计算机软件开发之路的，那台足足有一幢房子那么大的庞然大物成为了一个孩子走向计算机软件顶峰的阶梯。

匈牙利不仅计算机技术落后，而且信息也比较封闭，这让西蒙伊感到十分郁闷，因为计算机技术是时代最前沿的、最活跃的技术，他在国内根本没有办法与世界先进技术进行交流和学习，这会使他落伍的。形体巨大而功能落后的"乌拉尔2型"计算机为西蒙伊做了启蒙，而西蒙伊渐渐感到寂寞，因为全国都没有几台计算机，他几乎没有水平相当的同道中人。不过世界毕竟是逐渐开放的，西蒙伊迎来了一个展示自己的机会，他抓住了它。

1964年，一个国际贸易洽谈会在匈牙利首都布达佩斯举行，西蒙伊带着自己的软件参加了这次洽谈会。在会上，西蒙伊结识了丹麦丹尼西计算机公司的代表，他把自己编制的一个示范程序送给了他们，希望自己能在丹麦找到知音。

丹尼西计算公司的人言而有信，西蒙伊的软件被带回国后在丹麦计算机界得到了认可，一些公司听说这个软件的设计者还不到20岁，觉得很有培养前途，经过多方联系，他们找到了当时年仅16岁的西蒙伊。为了自己心爱的事业，西蒙伊背上行囊离开家乡到了丹麦，从此依靠自己的能力在西方谋得了生存空间。在丹麦工作了几年后，西蒙伊选择了继续学习，他到了美国加利福尼亚大学的伯克利分校读书。

1972年，西蒙伊应聘美国施乐公司计算机研究中心（PACR中心）成功，进入到研发计算机软件的新阶段。与比尔·盖茨不同，西蒙伊特别喜欢到学校学习，施乐公司与著名

的斯坦福大学很近，西蒙伊一边工作，一边在斯坦福大学攻读学位。

施乐公司给西蒙伊提供了一个很好的平台，PARC中心有过不少骄人的成绩。PARC中心设计的阿尔托计算机曾激发苹果之父乔布斯开发出麦金托什，即苹果电脑在LISA后第二部使用图形用户界面的电脑，麦金托什的意义在个人电脑首次广泛应用图形用户界面，它为苹果公司带来了巨大的效益。阿尔托计算机也启发了比尔·盖茨开发视窗，即WINDOWS软件，它使微软公司成为行业翘楚。在这样专业的部门工作，西蒙伊的能力得到了发挥。

PARC中心与斯坦福大学合作研究出一种新型计算机工具——鼠标，为广大计算机从业者和爱好者提供了难以用语言表述的方便。西蒙伊对鼠标非常熟悉，他为阿尔托计算机研发的文字处理程序就是第一个用鼠标的软件。西蒙伊给他的这款软件命名为WYSIWYG，就是"What you see is what you get"的首字母缩写，意为所见即所得。后来因为西蒙伊到了微软工作，他的这个设计在微软有了更大的用处。

没有一个公司在利益微薄的情况下能长期存在，施乐公司虽然拥有一大批高级技术人才，但是公司在销售方面人才稀少，好酒仍需人吆喝，施乐公司的业绩不佳，那些付出辛勤脑力劳动的技术人员感到不满，他们的劳动成果不能及时转换为商品，这是对资源的一种极大浪费，也导致公司极其严重的人才流失。充满戏剧性的是施乐公司的技术人才大多选择了苹果公司和微软公司，从同事变成了对手。

1980年，朋友给了西蒙伊一个名单，说如果西蒙伊准备跳槽，可以按照名单上的人名去联系，这份名单上的第一个人就是比尔·盖茨。好朋友就是在你的生活中给你有益指点的人，那个朋友给西蒙伊提的是非常好的建议。

西蒙伊选择了名单上的第一个人，他来到了微软公司，接待他的是比尔·盖茨和史蒂夫·鲍默尔，就是在哈佛与比尔·盖茨彻夜长谈的那个史蒂夫·鲍默尔，现在他们一起创业了。

与比尔·盖茨和史蒂夫·鲍默尔接触5分钟后，西蒙伊就决定留在微软了。虽然后来他也与名单上的其他人联系过，但是他还是比较倾向于当时还不是很强大的微软，他的直觉告诉他，留在那儿没错。微软公司必将对计算机产业产生巨大冲击，这是最吸引他的。

比尔·盖茨对西蒙伊的名字早有耳闻，曾有朋友对他说，如果西蒙伊有一天来微软求职，那么千万要留住他。所以比尔·盖茨听说前来的人是西蒙伊的时候，他亲自迎接，并全程陪伴西蒙伊参观了自己的公司，他毫无保留地把自己的想法向西蒙伊做了说明。

比尔·盖茨的坦诚和对计算机事业的高远追求，给西蒙伊留下了深刻的印象，一个与实际年龄极不相符的老练的老板，

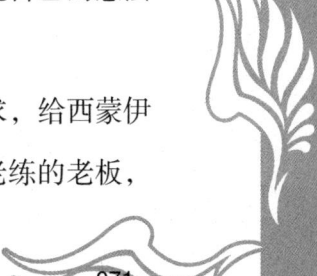

一个与实际年龄相符的充满活力的青年，这两个身份奇妙地结合在比尔·盖茨身上。

微软的朝气与施乐公司的暮气沉沉形成鲜明的对比，他做出了最后的决定。当他向施乐公司提出辞呈的时候，很多人不能理解他为什么会做出这种傻事：放弃世界上最好的实验室，而与一群孩子胡闹。西蒙伊不想对那些人作任何解释，他只想用事实说话。

西蒙伊的加盟让微软如虎添翼，比尔·盖茨与西蒙伊相见恨晚，他们迅速成为了好朋友，在西蒙伊身上有比尔·盖茨熟悉的东西，而在比尔·盖茨身上也有西蒙伊需要的斗志。西蒙伊成了为数不多的能改变比尔·盖茨想法的人，他们密切配合，互为明镜，终于做出了一番大事业。做朋友是要灵犀相通的，西蒙伊也曾想把两个朋友拉进微软公司，他知道这里水深可供龙游，但是他的两个朋友婉言谢绝了他的"好意"，不知道当微软成为行业领军者的时候他们又作何感想。

第五节　绕开不喜欢的自己

> 与其做一株绿洲的小草，还不如做一棵秃丘上的橡树，因为小草毫无个性，而橡树昂首天穹。
>
> ——比尔·盖茨

每一个领域都有一些气质独特的人，他们才华横溢，充满激情，构成了这个领域里独特的风景。在计算机领域里，也有很多这样的奇才，本来他们应该惺惺相惜，但是就是有一些不和谐的因素使他们走向陌路。

比尔·盖茨是一个珍惜人才的人，尤其是与自己相似的人，他总是想和他们一起在计算机行业做出点成绩，所以他会任命西蒙伊为微软公司核心部门——软件开发部的经理。不过有时候，他也对那些还不是真正懂得他的人无可奈何。

虽然微软的市场越来越大，美国本土有越来越多的人对微软的产品给予肯定，但是公司的销售额却不是很高。而微软公司在日本市场的盈利占了全公司的一多半，比尔·盖茨说这要归功于一个日本小伙子——西胜彦。比尔·盖茨也曾把西胜彦视为知己。

西胜彦与比尔·盖茨也有许多相似之处，他们认识的时候年纪一样大，都是22岁。西胜彦虽然也按照父亲的想法读了日本名校早稻田大学，但是他的结果也和比尔·盖茨一样，都没有子承父业，而是中途退学进入到了他们父辈当时并不看好的计算机领域。西胜彦在日本创办了自己的计算机公司，销售计算机软件，并且还主办了一份与计算机有关的杂志。

对于这位与自己经历颇为相似的同行，比尔·盖茨非常愿意与之结识，所以当西胜彦的电话从大洋彼岸打过来的时候，比尔·盖茨毫不掩饰他激动的心情。当时西胜彦对世界计算机行业的动态都进行了了解，当他看到比尔·盖茨的一些资料，也了解了一些微软公司的情况时，他对这个年轻人和他的公司发生了兴趣，因此他打越洋电话去美国找比尔·盖茨。没想到当时的微软公司名不见经传，接线员根本不知道往哪里接。西胜彦想起与微软公司有合作关系的微型仪器遥测系统公司在新墨西哥州，就请接线员在当地最大的城市阿尔伯克基市找一找电话登记，果然找到了微软公司的号码。艾德·罗伯茨可能没有想到，他的公司能成为日本与美国两个年轻人友谊的桥梁。

"我是日本的西胜彦，我仔细阅读过关于你们的文章，现在我想邀请你到日本来一趟，因为我对你们公司的BASIC语言非常感兴趣，"西胜彦对比尔·盖茨说，"来回的路费由我来出。"

比尔·盖茨对西胜彦也有耳闻，他觉得遇到了知音，可是他不得不遗憾地说他不能去日本，但是他很快做了补充："不是我不愿意去日本，我本人非常愿意立即同你见面，只是目前我真的没有时间。不过，不久以后在我国有一个全国性的计算机会议，如果你能来，我相信我们会聊得很愉快。"

几个月后，西胜彦果然漂洋过海到了美国，他与比尔·盖茨在加利福尼亚州的安纳海姆一见如故，西胜彦跟着比尔·盖茨回到当时位于阿尔伯克基的微软公司。

两个年轻人聊了8个小时还没尽兴，他们的看法惊人地相似。文化背景不同、地理位置不同，然而他们没有一点交流障碍，他们对计算机领域的未来都作出了预想，他们觉得个人计算机是历史的洪流，不可阻挡，而对计算机软件的需求也将如此。就像电视机、录像机没过几年就走进千家万户一样，一个个人计算机的时代到来了。那一年是1978年，几年之后，两个年轻人的话就变成了事实。

"我愿意做你们公司远东地区的代理人。"西胜彦激动却不乏理性地做了这个决定。第一次会面，比尔·盖茨就和西胜彦签下了一份1.5亿美元的合同。一向在法律方面非常谨慎的比尔·盖茨这一次却没有拟定一份长长的合同，因为他相信西胜彦。

西胜彦回到日本以后就找到了日本电气公司的主管渡边先生，因为他记得渡边先生曾经提起过想见一见比尔·盖茨。有了自己的经历，西胜彦非常负责地告诉渡边先生，同比尔·盖茨见面是一件正确的事情。于是，渡边到了美国，他受到了比尔·盖茨的热情接待，参观过微软公司以后，渡边大受启发，他觉得比尔·盖茨做的是一件惊天动地的大事，他不能错过这个千载难逢的机会。

不能不说商场没有地域上的距离，只有见识上的差异。当时美国本土的好多公司，包括IBM这样的大公司都还没有意识到一个小型计算机时代大踏步走来，而日本这个小小的岛国上已经有人开始行动了。渡边先生回到东京以后就召集各部门负责人开会，介绍了微软这一在日本根本无人知晓的计算机软件开发公司，他说他已经请微软公司承担微型计算机的设计任务，而日本电气公司将成为日本第一家生产微型计算机的企业。

时间飞逝，渡边与比尔·盖茨见面的第二年，日本电器公司就推出了PC8001计算机，在日本引起了地震效应——这是一次文明的地震。在日本计算机贸易展览会上，比尔·盖茨和西胜彦这两个年轻人对计算机技术的发展前景做了精彩的演讲，他们一下成了日本家喻户晓的明星。

无疑，西胜彦的穿针引线为比尔·盖茨开拓日本市场做了巨大的贡献，而且最重要的是为微软公司争得了抢占市场的先机。

比尔·盖茨欣赏西胜彦的地方在于西胜彦是一个头脑敏

捷、善于观察分析和有预见性的人，这一点他们很像。另一方面西胜彦是一个富有鼓动性的人，他的语言表达能力极强，会给人留下深刻的印象，所以微软公司在日本人的眼里已经是一家超级公司了，尽管当时公司的员工不过几十个。

在日本时，比尔·盖茨同西胜彦住在一个房间，西胜彦的电话不断，有时候是一整夜，都是生意上的事，往来金额都上百万美元，这让比尔·盖茨非常惊讶。"今天晚上的生意真是清淡！"西胜彦感叹。说这句话的时候是一天半夜，那天下午3点到5点两个小时间没有人打电话来，直到5点才有一个电话找西胜彦，西胜彦不禁表示了自己的失望之情。西胜彦是一个精力旺盛、不知疲倦的人，他总能主动寻找机会，这样往往会给微软带来惊喜。

天才就是想象力与创造力的体现，西胜彦是名副其实的天才。当日本日立制作所宣布他们成功研制了一种液晶显示器的时候，西胜彦马上就想到这种液晶显示器可以取代计算机上笨重的显像管显示器，计算机的体积将会大大缩小，一种便携式的计算机就有制造的可能。无法想象，人们可以带着一台计算机出行，多么奇妙！

就在西胜彦产生这个想法不久，在乘飞机从旧金山飞回东京的航班上，西胜彦发现身边坐的竟是日本京都京磁公司的总裁稻盛和夫。西胜彦同稻盛和夫谈起了制造便携式计算机的构想，这位总裁非常看好这个项目，很快就决定支持西胜彦开发这种前途无量的新产品。

1982年的1月，西胜彦带着他的便携式计算机设计图到美国找比尔·盖茨，希望共同研发这种便携式计算机。比尔·盖茨非常重视，他与西胜彦紧锣密鼓地研究商榷，4月份就做出了样机。

西胜彦也是一个销售天才，同比尔·盖茨一样，他生产出来的产品一定要推向更大的市场，所以西胜彦带着他与比尔·盖茨的便携式计算机，找到了美国得克萨斯州福特沃斯市的坦迪公司的副董事长琼·谢利，希望他能推销这款新产品。

由于西胜彦的积极努力，1983年，计算机领域发生了一次世界性的震动。由西胜彦和比尔·盖茨共同开发、日本京都京磁公司生产的世界第一批便携式计算机惊艳亮相，日本电器公司、欧洲奥利维蒂公司和美国坦迪公司共同销售，在亚欧美三个洲的市场迅速燃起一场便携式计算机的大火。

所以，在比尔·盖茨眼里，西胜彦是一个计算机奇才，也是一个商业奇才，他愿意与他做长久的朋友，只可惜，他们终究不是一类人，没有缘分走得更远。西胜彦是天才，也是怪才，他做事情有时不按常理出牌，在比尔·盖茨看来甚至有些荒诞。西胜彦的生活非常奢侈，有了钱以后他更加挥霍无度。他出差的时候动辄租用私人直升机，住最豪华的旅馆，而比尔·盖茨不是这样，他出差的时候经常坐经济舱，有时候是被人识别出身份被迫换到头等舱。而西胜彦的行为也总是有些不符常规，只要他想，在重大会议上他也可以躺在地板上呼呼大睡。而比尔·盖茨尽管可以在微软公司放摇滚乐、转动和摇晃桌椅，可是在严肃的场合他还是能顾及到别人的情绪的。西胜彦的想法也古怪得很，为了做宣传，他会花100万美元做一只1:1比例的巨型恐龙。而比尔·盖茨在广告宣传上则精打细算，绝不会乱花一分钱。

比尔·盖茨从西胜彦身上学到了一些优点，也看到了天才的另一面，他觉得他们的关系想永久平衡是非常困难的，尽管他们有很多相似的地方，而不相似的地方更多。

比尔·盖茨是一个重情重义的人，尽管他不看好西胜彦胡乱花钱的方式，他自己也不是一个乱花钱的人，但是当西胜彦朝他借钱的时候他还是毫不犹豫地借给了他。有一次，比尔·盖茨在机场接到了西胜彦的电话，要借27.5万美元支付他仓促之间购买的一支股票，比尔·盖茨虽然不赞成西胜彦的做法，他还是把钱打给了他的怪才朋友。

如果问世界上哪个公司的百万富翁最多，估计就是微软公司了。微软公司一直以股票期权的方式让大部分雇员共享产权。有一次，微软发行的新股票即将上市，比尔·盖茨念及西胜彦同他的交情，决定送给西胜彦一笔数目可观的股票，所以他提出要给西胜彦在微软公司设置一个全日工作职位，这样他才能名正言顺地把股票送给西胜彦，但是骄傲的西胜彦误会了比尔·盖茨。"我非常愿意同他共事，但是我不愿把灵魂卖给

"西胜彦断然拒绝了比尔·盖茨的一片好意。分手的时刻无情地到来了。

　　比尔·盖茨要微软公司成为全行业的标准,他需要西胜彦在日本全力推广和销售微软的产品,但是兴趣广泛的西胜彦拒绝合作,他很难在一件事上坚持到底,有始有终。这样的做事风格同一向坚持目标、专心致志发展计算机软件事业的比尔·盖茨截然不同,观念上的冲突是最难以调和的,所以当比尔·盖茨尽最大的努力说服西胜彦与自己好好干而失败的时候,他只能放弃他一度最珍视的友谊了。

　　当比尔·盖茨同西胜彦长达8年的友谊之路走到尽头的时候,西胜彦还有50万的借款没有还给比尔·盖茨,比尔·盖茨再一次表现出了自己与西胜彦不同的"大方",他不仅没有索要这笔贷款,反而又给了西胜彦一笔钱,用以偿还西胜彦欠下他人的债务。"我总不能眼看着我过去最好的朋友进监狱吧!"对此比尔·盖茨这样说。

　　后来,微软公司驻日本的分公司雇佣了昔日西胜彦ASCII公司的员工古川享为负责人,古川享又从ASCII带走了18名得力的员工,这件事使西胜彦震怒,他与比尔·盖茨的关系彻底降到了冰点。

　　"他的生活一塌糊涂,经济方面负债累累,而这两方面我与他完全不同。"比尔·盖茨这样说,"西胜彦或许是我见过的最像我的人了,可惜,他走过了头。"

Bill Gates

第四章　起跑就是冲刺

■ 第一节　竭尽全力向前冲
■ 第二节　小麻烦，大收获
■ 第三节　伟大的事业从"小"做起
■ 第四节　绝不能白干

Bill Gates

第一节　竭尽全力向前冲

> 不要让这个世界的复杂性阻碍你前进，要成为一个行动主义者。
>
> ——比尔·盖茨

1974年冬天，新墨西哥州的艾德·罗伯茨开发了世界上第一台微型计算机，体积如一只烤箱大小，被发明者命名为"阿尔塔8800"，售价不到400美元，它的出现改变了计算机的使用对象，在此之前，计算机一般都用于商业用途，而且价格不菲，并非一般家庭所能拥有。

为了给自己的公司开辟出一条新路，比尔·盖茨和保罗·艾伦两个人争得了为阿尔塔8800编写程序的机会。尽管两个年轻人连阿尔塔8800的真身都没见过，他们还是想尽办法去编制能够适应它的程序。他们想象着那台机器的样子和能力，终于在规定的日期前完成了他们的任务。竭尽全力是比尔·盖茨成功的一个法宝。

早在1966年，比尔·盖茨11岁的时候，他就对"竭尽全力"做出了最好的诠释。

当时，在西雅图大学社区公理会教堂，有一位德高望重的老牧师名叫戴尔·泰勒。戴尔·泰勒有一个传统的教学内容，就是他的学生在每个学年开始时，都要背诵《马太福音》里第5章到第7章的全部内容。

这可不是一项好完成的作业，这几个章节结构散乱，且句子很长，不像诗歌那样朗朗上口，也不像一般故事那样有趣味，看懂这几章对于十来岁的孩子来说是非常困难的，更别说要背下来了。在几十年的教学生涯中，戴尔·泰勒牧师还从来没有遇上一个能够一字不漏完全正确背诵下来的孩子，当然，这个纪录到比尔·盖茨这里被打破了。

为了让孩子们有更大的兴致背诵《马太福音》的那几章，戴尔·泰勒牧师对他们许诺说，如果谁能完整地背诵下来，他就请他或她到西雅图最体面的地方——太空尖塔餐厅参加免费聚餐会。这的确是一项殊荣，因为太空尖塔餐厅在600英尺的高空中，旋转的餐厅能鸟瞰整个西雅图城市，出入这里的都是上流社会的成功人士，这些乳臭未干的小孩子当然很少有可能到那里用餐。

在巨大的诱惑面前孩子们都非常踊跃，可是唯有比尔·盖茨能非常娴熟而有感情地背诵出来整个三章。

"耶稣看见这许多人，就上了山……"比尔·盖茨从容地背着，"虚心的人有福了……哀恸的人有福了……温柔的人有福了……怜悯的人有福了……清心的人有福了……"

"虚心""哀恸""温柔""怜悯""清心"这些字眼并非11岁的孩子都能明白，可是戴尔·泰勒牧师亲眼看着面前这个小男孩，用稚嫩的声音流利地背出了大段的福音。

戴尔·泰勒牧师被这个貌不惊人的孩子震惊了，太不可思议了，一个11岁的孩子居然能背下来这么长的艰涩的文字！

接下来发生的事情更让老牧师戴尔·泰勒惊奇，因为他又向比尔·盖茨提了几个问题，比尔·盖茨都非常顺畅地答了上来，而且条理清晰颇有见地，可见他并不是死记硬背，而是真正理解了他所背诵的文字，这简直就是奇迹。

"你是怎样做到的？"戴尔·泰勒牧师问小比尔·盖茨。"竭尽全力，我就能做成我想做的一切事情！"比尔·盖茨的回答简洁有力。

"为阿尔塔8800编写BASIC令我精疲力竭。"多年以后，比尔·盖茨回忆起自己刚刚冲进计算机行业努力打拼时的情景时，不禁感慨万千。当时为阿尔塔8800编写程序的软件高手并不少，比尔·盖茨与保罗·艾伦要技压群雄得到艾德·罗伯茨的肯定，让两个毛孩子为他的宝贝打造灵魂绝非易事，他自然要看到些真东西才肯与他们合作。比尔·盖茨与保罗·艾伦非常珍惜这个一战成名的机会，能为世界上第一台微型计算机开发专属软件绝对是一件殊荣。

比尔·盖茨和保罗·艾伦废寝忘食，把书桌和地板当床是常有的事儿，他们与世隔绝，凭借以往对大型计算机研究的经

第四章 起跑就是冲刺

验去想象远方神秘的"阿尔塔8800"，终于用了两个月的时间研发出了在阿尔塔8800上能用的BASIC语言。

艾德·罗伯特的疑心与他的块头成正比，这个精明的计算机制造商一直寄希望于微型计算机的制造，想借此大发其财。他很谨慎地选择软件合作伙伴，他觉得与两个涉世未深的毛头小伙子合作很安全，况且试一试他们的软件也不会损失什么，于是他在老家阿尔伯克基约见了未来的合伙人。

这次出征的是年纪稍长的保罗·艾伦，尽管他也只有22岁。保罗·艾伦是一个非常细心的人，在飞机上他仔细设计了见面以后安装软件的步骤，他忽然想起有一个重要的导入程序还没设计，他赶紧拿出纸笔为他们的BASIC与阿尔塔8800间铺设了一个桥梁，到下飞机的时候，这个补救工作已经做好了。

奇迹出现了，两个从来都没见过阿尔塔8800的年轻人竟然赋予了阿尔塔8800真正的生命！"艾德·罗伯茨的公司能制造出计算机，却不能让它工作，我虽然没有见过它，却能让它听命于我，真是太奇妙了！"保罗·艾伦回忆那个难忘的时刻时依然很兴奋。

"我们的计算机终于能进入实用阶段了，这太让我激动了！"艾德·罗伯茨也难掩自己的喜悦，就像一个父亲终于看到孩子成为了一个真正的男子汉一样。

艾德·罗伯茨惊叹于两个年轻人的才华，这两个孩子从来都没见过"阿尔塔8800"，可设计出的程序却如此精准，他们一定前途无量。

艾德·罗伯茨可以放心地把阿尔塔8800卖出去了，而比尔·盖茨和保罗·艾伦终于把开办自己公司的设想变成了现实——1975年，比尔·盖茨和保罗·艾伦在阿尔伯克基创办了两人的公司。

后来发生的一切证明艾德·罗伯茨与比尔·盖茨和保罗·艾伦之间的配合对整个计算机行业的发展都起到了革命性的作用，阿尔塔8800安装了BASIC语言以后，它的实用性迅速让人刮目相看，雪片一般的订单让艾德·罗伯茨实现了发财的美梦，同时也让计算机拥有者的数量呈几何速度增长。在很短的一段时间里，阿尔塔8800的用户就从美国西北部扩大到全美国，没过多久，一股计算机热潮席卷了全世界。

没有比尔·盖茨和保罗·艾伦，或许阿尔塔8800也能等来它的灵魂，但是在什么时候是一个未知数，只有像比尔·盖茨和保罗·艾伦那样竭尽全力为梦想奋斗不止，才有一场改变世界科技命运的大变革。

为梦想竭尽全力吧，那是多么美好的事情！

第二节 小麻烦，大收获

> 成功是一个差劲的老师，它诱使聪明人认为他们不会输。
>
> ——比尔·盖茨

有一首英文歌曲叫《Trouble is a friend》，就是麻烦是朋友的意思。不论大事小情，都可能存在不尽如人意的地方，可是正因为有了这些不如意，事情得以解决以后才会更有成就感。并且吃一堑长一智，再遇到类似问题的时候就有了解决的方法。

比尔·盖茨踏足商界的时候还是个孩子，虽然他有法律基础，也有专业素养，但有时候也难免遇到一些麻烦事。这些麻烦事也是比尔·盖茨成长中必然要经历的一部分，他在处理它们的时候获得了宝贵的经验。

令人郁闷的是，比尔·盖茨和保罗·艾伦两个人自1974年末加班加点研发出来的BASIC语言，几乎一夜之间被无情地剽窃和践踏了！

都说婚姻是爱情的坟墓，其实合作也是公司之间关系的试金石。当初保罗·艾伦去见艾德·罗伯茨的时候连付住宿费的钱都不够，还是向艾德·罗伯茨借的。两个原因，一是保罗·艾伦真的不富裕，二是艾德·罗伯茨竟把保罗·艾伦当成富翁而带到一家豪华的大饭店下榻。这也足以说明艾德·罗伯茨是一个非常主观的人，同这样的人打交道是比较累的。

艾伦·罗伯特是一个胸无大志、缺少远见的人，他只想把他的计算机销售出去，而不考虑合作者的利益，并且他也很少考虑公司长远发展的规划，只要能将计算机销售出去，他什么手段都使得出来。相对而言，哈佛大学要比艾德·罗伯茨讲信用得多。

当保罗·艾伦在阿尔塔8800上成功运行了他和比尔·盖茨编制的BASIC语言以后，艾德·罗伯茨的计算机热卖，比尔·盖茨也对计算机语言更感兴趣。当时比尔·盖茨还没有退学，为了使软件更完美，他每天都要在学校的计算机房里工作20个小时。校方发现了比尔·盖茨利用学校的计算机开发商用软件的时候对比尔·盖茨的行为提出了异议，虽然没有明文规定，但校方认为这不符合学校的办学宗旨。

"希望你停止这种行为，否则学校会考虑开除你。"校方的代表对二年级的比尔·盖茨说。

"这对我来说不公平，"比尔·盖茨从容地反驳学校的态度，"因为学校并未对学生如何使用计算机制定具体的规则，况且既然学校的教授可以通过使用学校图书馆的资料著书立说，获得版权和稿费，学生为什么就不能利用学校的计算机进行商业性的研究呢？"

比尔·盖茨不愧是哈佛大学法律系的学生，虽然他没怎么投注精力，但是他的话还是掷地有声有理有据，使得哈佛大学校方也无言以对。最后只得出台一个明确的学生使用计算机的制度：如果学生利用学校的计算机研制出商品，学校有权分享利润。当然，这一规定很快就不适用于比尔·盖茨了，因为没过多久他就退学了。

比尔·盖茨的法律知识在日后帮了他大忙，因为不是所有的事件都是像他同哈佛那样能够比较温和地解决的，他同艾德·罗伯茨之间就弄得火药味十足。

其实比尔·盖茨与保罗·艾伦之所以能同艾德·罗伯茨合作，最重要的原因就是艾德·罗伯茨是第一个出售廉价个人计算机的老板。

早期的个人计算机都需要搭配独立的BASIC语言才能使用，而没有编好的应用程序，这样，比尔·盖茨和保罗·艾伦的BASIC语言程序就应该是独立的商品，他们应该得到比较多的销售利润。但是艾德·罗伯茨不这样想，他认为自己是最伟大的发明家，他要做的就是把自己的发明变成大把的钞票。

艾德·罗伯茨的阿尔塔8800并不完美，它必须由用户花上好几个小时精心地把各个部分焊接起来，而且如果没有专业知识和技术，它是不会俯首帖耳的。所以好的软件对这款机器非常重要，可惜，艾德·罗伯特并不珍惜比尔·盖茨和保罗·艾伦的劳动成果。

《大众电子》的宣传让微型仪器遥测系统公司名声大噪，众多计算机爱好者不顾阿尔塔8800的缺陷纷纷订购，曾经占用一个大房间昂贵的计算机，现在被轻而易举地放进书房，这实在是太棒了。艾德·罗伯茨趁着别的公司没有跟进而抓紧时间生产，他可不想重蹈覆辙。所以当他把保罗·艾伦请到公司做软件部经理以后，他并没有在软件开发方面下功夫，而是全力以赴地忙着生产阿尔塔8800。

为了更好地开发软件，比尔·盖茨与保罗·艾伦在偏远的阿尔伯克基创建了微软公司，当时他们分别是20岁和22岁。

微软公司成立伊始，非常有商业头脑的比尔·盖茨就着手保护自己的知识产权。他们同艾德·罗伯茨的微型仪器遥测系统公司签订了一份合同，在这份合同中，比尔·盖茨对软件的开发者、销售者与使用者各自拥有的权利作了明确的规定，律师家庭背景和哈佛法律系的学习为比尔·盖茨创业立下了汗马功劳。比尔·盖茨的这份合同细致而合理，后来成为了软件专利合同的样本。

艾德·罗伯茨的阿尔塔8800是一个脾气不好的姑娘，如果没有密度较高的存储板和快速输入程序，她就对谁都置之不理。艾德·罗伯茨在计算机里安装了他自己设计的4K存储板，使机器能运行比尔·盖茨和保罗·艾伦编写的BASIC语

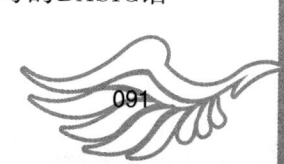

言。但是艾德·罗伯茨的技术能力有限，他生产的4K存储板无法通过比尔·盖茨设计的存储测试程序，可顽固的艾德·罗伯茨拒不承认自己的存储板有问题，他瞧不起比尔·盖茨和保罗·艾伦，他觉得这两个孩子跟他这个商场老手比起来还嫩了些。艾德·罗伯茨为了多赚钱，坚决在机器上安装自己的存储板，双方的合作出现了不和谐音符。比尔·盖茨发现艾德·罗伯茨是一个不太讲理的合作伙伴，这可不是好兆头。

谁也不能垄断知识，在艾德·罗伯茨蛮横地对待比尔·盖茨和保罗·艾伦的同时，也有人无情地向他发起挑战。为了解决阿尔塔8800计算机存储板存在的问题，众多计算机爱好者不得不行动起来。很快就有新公司崛起，主要生产质量过硬的4K存储板和一些适用于阿尔塔8800的部件。

艾德·罗伯茨大发雷霆，他在报纸上连篇发表文章谴责那些公司，说他们是"寄生虫"和"恶棍"，可是那些人不为所动，有两个奥克兰人竟然给自己的公司命名为"寄生虫公司"。

为了打击对手，艾德·罗伯茨把比尔·盖茨和保罗·艾伦编写的BASIC语言当作了回击的武器，他采取了搭配销售的做法。他给BASIC语言软件定价500美元，这个价格甚至高于了计算机的价格，而如果同时购买艾德·罗伯茨公司的存储板，这个语言软件就仅售150美元。这种做法引起了大众的反感，当时艾德·罗伯茨向客户提供的机器不能存储BASIC语言，只能存储在纸带上，使用的时候再输入机器，这样就使比尔·盖茨和保罗·艾伦的心血有了被复制的可能，而那些不满艾德·罗伯茨的人怎能放过他这个致命的弱点呢？

比尔·盖茨与保罗·艾伦的BASIC语言被复制对艾德·罗伯茨来说损失并不大，因为他的主要利润还是来自于出售计算机，可是他这种捆绑销售的卑鄙行径，却直接给比尔·盖茨和保罗·艾伦带来了巨大的经济损失。因为大家都用免费的复制品，谁还会花高价买呢？况且还要搭配一个毫无用处的4K存储板。

比尔·盖茨对艾德·罗伯茨的捆绑销售方式非常不满，他的心里逐渐形成了软件是独立商品的概念。

实际上，艾德·罗伯茨也并没有脱离计算机行业，他非常关注计算机领域的动态。他发现IBM公司已经用磁盘驱动器来存储程序了，这种方式能使机器精准而迅速地读写信息，比写在纸带上输入要便捷得多，所以他请尚在公司任技术部经理的保罗·艾伦为他编制能使磁盘用在阿尔塔8800计算机上的软件。

保罗·艾伦请比尔·盖茨来完成这个程序的编写，但是不太喜欢艾德·罗伯茨的比尔·盖茨拒绝了这个工作。他觉得与那样一个固执而自私的人合作不是一件愉快的事，他可以编写这种磁盘驱动程序，但不是为了艾德·罗伯茨的阿尔塔。

可比尔·盖茨最后还是经不住保罗·艾伦的频频邀请，

他从波士顿到了阿尔伯克基，用了大约10天的时间就编写出了一套快捷有效的程序，而且比其他驱动器的数据处理速度还要快。这个程序需要用BASIC语言来运行，所以要想使用这款磁盘驱动器，BASIC语言还要被大量使用。

1976年7月，比尔·盖茨设计的驱动程序公开发售了，定价为200美元。艾德·罗伯特再一次用上了他惯用的捆绑销售的拙劣手段，如果购买他们公司16K的存储板，这个软件就等于免费赠送。

任何事情都要讲究相对公平的原则，艾德·罗伯特的捆绑销售不仅比尔·盖茨和保罗·艾伦不能接受，那些客户也同样深恶痛绝。为了提高销售额，艾德·罗伯茨还会采用更为卑劣的销售手段。从他生产的4K存储板不合格还拒不承认这一点上可以看出艾德·罗伯茨是一个主观又没有责任感的人，他生产的计算机也经常出现质量问题，他同样不知悔改，而且他经常不能如期向顾客交货，有时候甚至故意采取拖延做法。当寄出去的存储板不能工作时，他又以"暂时缺货"为借口不给顾客提供急需的BASIC语言程序。

比尔·盖茨和保罗·艾伦再也不能忍受艾德·罗伯茨的拙劣行为了，他们的合作走到了尽头。这时候艾德·罗伯茨也把自己逼上了绝路，他的公司臭名昭著，被一家生产磁盘和磁带机的佩特克公司收购了。

佩特克公司认为，他们已经买下了微型仪器遥测系统公司，就等于有了BASIC语言系统的专利权，在这一点上比尔·盖茨和保罗·艾伦与佩特克公司发生了分歧。那么问题回到原点，就要同艾德·罗伯茨打交道了。艾德·罗伯茨露出了他无赖的那一面，他说自己花了20万美元买下了比尔·盖茨和保罗·艾伦他们的BASIC语言的授权，这套语言就是他的。

比尔·盖茨和保罗·艾伦看到和平谈判无法解决问题，他们提出与佩特克公司和艾德·罗伯茨对簿公堂。佩特克公司的经理们和艾德·罗伯茨觉得这两个20岁出头的小伙子疯了，这无疑是以卵击石啊！他们觉得这是那两个孩子的气话，没想到他们真的被微软公司告到了法庭。

直到官司开始前一刻，佩特克公司还觉得自己稳操胜券，他们没想到，比尔·盖茨不仅自己懂得法律，他还有一个更为精通法律的爸爸。比尔·盖茨在打官司之前已经咨询过他的专家爸爸了，威廉·亨利·盖茨二世在深思熟虑之后告诉儿子，这场官司完全有打赢的可能。而且威廉·亨利·盖茨二世为了儿子还动用了自己的人脉，他为儿子介绍了一个阿尔伯克基资深的律师承办此案。

官司开打的6个月后，法院指派仲裁员宣布了审判结果。让佩特克公司和艾德·罗伯茨非常恼火，他们居然输给了两个20多岁的小伙子，这让他们以后在同行面前情何以堪？官司结束以后，比尔·盖茨和保罗·艾伦开始收拾行囊，他们没有必要再留在阿尔伯克基了。

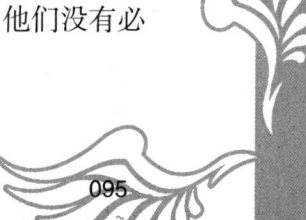

这一次长达一年多的新墨西哥州之行让比尔·盖茨和保罗·艾伦收获了自己的公司，也建立起了更强烈的自我保护意识。遇到像艾德·罗伯茨这样的人的时候他们知道该怎么做了。

第三节　伟大的事业从"小"做起

> 这是进入商界的最佳时机，未来10年将要进行的改变将超过过去50年的总和。
> ——比尔·盖茨

千仞之峰也需从山脚开始攀登，再伟大的事业也需要一点点的积累，再伟大的成果也需要一点点的尝试。珠穆朗玛峰的登顶者从山脚下仰望那伟岸雄奇的山峰时，他们有的是信心和毅力；居里夫妇为了找到"镭"做了不计其数的试验，他们有的是理想和韧性。每一件事情只有从无到有踏踏实实去做，最后才能有圆满的结果。

今天的微软公司，早已牢牢占据福布斯世界财团财富排行榜的前三名，而它的创始人比尔·盖茨和保罗·艾伦也进入了福布斯世界个人财富排行榜的前十名，可是，他们公司初创的时候所有的也不过是一间简陋的小屋和一份建功立业的雄心，外加几个志同道合的朋友。

比尔·盖茨和保罗·艾伦虽然交情很好，不过亲兄弟也要明算账，谙熟法律的比尔·盖茨最开始就把公司的责权利分得明明白白。两人把公司的权益按个人劳动投入的比例进行分配，比尔·盖茨占60%，保罗·艾伦占40%，后来又调整为比尔·盖茨64%，保罗·艾伦36%，所以在财富排行榜上，比尔·盖茨永远在保罗·艾伦的前面。

微软公司最开始的业务就是编写BASIC语言程序，以使计算机能够运行，他们最初的合作者是有些无赖气的艾德·罗伯茨。但是比尔·盖茨和保罗·艾伦很快就发现了他们的生意伙伴不太友好，而且做生意不可能只有一个合作伙伴。

比尔·盖茨一边编写程序，一边思考公司发展的问题，这也就是他比保罗·艾伦在公司权益上所占比例多一些的原因。比尔·盖茨觉得如果微软公司能把BASIC软件提供给国内多家微型计算机公司，而不仅是艾德·罗伯茨的公司，那样既能增加微软的效益，又能提高微软公司的社会影响，并且摆脱艾德·罗伯茨这个不太可爱的人。

只有行动起来才会有收获，比尔·盖茨带着自己的软件出发了。虽然因为过于年轻的外表，在开始的时候比尔·盖茨受了不少怀疑，但真才实学很快就使他得到了更多的肯定和尊重。比尔·盖茨口才极好，他从前学习的一切，现在都整合在

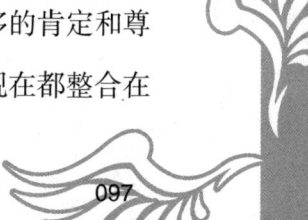

一起,把他变成了一个最优秀的推销员。他不空谈,有修养,朝气蓬勃,对计算机软件开发知识了如指掌,在各个计算机公司经理那里留下了深刻鲜明又良好的印象。没过多久,比尔·盖茨就接到了通用电气公司、NCR公司、花旗银行等大型企业的订单,这些订单让微软公司的财政状况好了起来。

不过这中间发生了一些小插曲,比尔·盖茨差点不能销售自己的BASIC软件了,因为艾德·罗伯茨的无理取闹,比尔·盖茨不得不通过一场轰动的官司,赢回自己的劳动成果。在打那场官司的时候,微软公司的BASIC软件销售权被暂时禁止了,这使公司的资金链出了大问题,而且还有与其他公司违约的危险,好在比尔·盖茨和微软公司取得了胜利。从那以后,微软公司就再也没有陷入资金困境。

由于比尔·盖茨经营有方,微软公司的业务繁忙起来。比尔·盖茨与保罗·艾伦两个人应付不了那么多的工作,微软公司开始广纳贤才,他们通过找熟人、发广告的方式找到了几个同样年轻的计算机人才。

1976年4月和5月,比尔·盖茨在湖滨中学的同班同学马克·麦克唐纳和理查·德维兰德加入到了微软公司。同年8月,斯坦福大学的毕业生阿伯特·朱和史蒂夫·伍德看到微软公司的招聘广告前来应聘,也成为了微软公司最早的员工。

初具规模以后,微软公司在阿尔伯克基市区租了几间办公室,公司置办了一些必备用品就开始大张旗鼓地创业了。

比尔·盖茨按照个人的特点做了分工，公司有序地向前发展。1976年末，保罗·艾伦辞去了艾德·罗伯茨公司技术部经理的职务，他也全心全意地投入到了微软公司的建设中。

比尔·盖茨的工作更多些，他主管公司的行政事务，比如签发支票、填写税务报表、处理广告业务、推销公司产品，当然他也不会忘记参与软件的编写。

微软公司的工作环境是一道奇特的风景。艾德·罗伯茨曾经到过微软公司，他对那群年轻人大惑不解。微软公司里响着震天的摇滚音乐，几个年轻人却一脸轻松地编写最精密的计算机程序。就是这些看起来相当疯狂的摇滚青年让计算机与打字机、纸带阅读机有效地连接起来，给人们的生活带来了极大的改变。

微软公司里的气氛非常融洽，年轻人可以为了技术问题争得面红耳赤，但是在生活中又是亲密无间的好朋友。或许是天性使然，也可能是比尔·盖茨对艾德·罗伯特的公司了解以后决定坚决走一条与之相反的道路。

艾德·罗伯茨的微型仪器遥测系统公司里每天死气沉沉的，除了艾德·罗伯茨几乎所有的人都噤若寒蝉。

"它好像运行在一条奇怪的轨道上，"比尔·盖茨对艾德·罗伯茨的公司产生了这样的感觉，"公司里的人对市场变化不能感知，除了老板本人其他人都三缄其口，这太叫人难以忍受了。"

第四章 起跑就是冲刺

而艾德·罗伯茨也不能接受微软公司的风格,他对比尔·盖茨本人也相当反感,因为比他小13岁的比尔·盖茨经常会因为生意上的问题与他针锋相对,丝毫不让步,总让他难堪,他觉得那些年轻人太不成熟了。

其实,微软公司的工作作风是表面散漫,实际上秩序井然,这当然不是一下做到的。比尔·盖茨在大学时期的一些习惯,在最初工作的时候给他带来了不小的麻烦。

当年比尔·盖茨在哈佛的时候,与同学史蒂夫·鲍默尔非常有共同语言,而且他们有一个共同的爱好:彻夜长谈。他们曾经住过一个宿舍,那时正是比尔·盖茨迷恋上打牌的时候,他每天深夜才回到宿舍,但是史蒂夫·鲍默尔仍旧会等着比尔·盖茨回来"交换信息"。

"当时我们都不太把精力放在课堂上,只是到临考试的时候才把书拿出来狠狠地研究一阵,但是往往都能取得不错的成绩。"比尔·盖茨回忆他短暂的大学生活时这样说。那时候他与史蒂夫·鲍默尔都选修了一门艰深的课程,那是一门非常抽象的经济学课程,达到了研究生水平。教授允许以期末考试成绩来做唯一的成绩,所以比尔·盖茨和史蒂夫·鲍墨尔整个学期都没有去听课,直到考试前一周才拿出这门从没接触的课程的教科书猛背,最后两个人居然都得了"优"。这种临阵磨枪的做法或许看起来有效,但是生活是来不得半点欺骗和懒惰的。

"我和保罗创建微软公司以后，发现工作拖拖拉拉或打快拳并不是什么好事儿，"比尔·盖茨回忆说，"我们公司有一批客户是日本的一些公司，他们做事极其规律，而且一丝不苟。只要我们没按计划时间完成任务，他们就立刻派人飞过来'关照'我们。他们知道他们起不到实质的作用，但是他们能在我们办公室呆18个小时，目的就是提醒我们，他们有多么重视公司的工作。"

"为什么改变了时间表？我们要知道原因，请解释。"这就是那些监督者经常问的问题。

就这样，微软公司逐步改变了散漫的作风，不过不管是哪里的公司，他们都没有权利干涉微软公司的员工在自己的公司里播放摇滚乐。在一片摇滚声浪中微软公司崛起了，当他们结束了阿尔伯克基的业务将公司迁往家乡西雅图的时候，当初那两个身无分文的穷学生已经是小有成就的老板了。

第四节　绝不能白干

> 我深信任何可以增进人与人之间沟通的方法都具有长远的价值，人们借此相互学习，并且共同努力达到彼此认同的自由。
>
> ——比尔·盖茨

人们之间的和谐关系需要的就是互相之间的认可和尊重，当一个人的劳动成果被漠视的时候，这个世界是不公平的，也是应该被改变的。但是往往有形的劳动容易估算价值，相应的报酬也好计算，而无形的劳动却因为其特殊性而不易估价，有时候还容易被忽视，这就给那些从事无形劳动的人带来了伤害。

比尔·盖茨对计算机软件界最大的贡献，不仅是他开发了很多非常实用的软件，更是他为软件开发者争取应得的利益所做的一切。

当年因为艾德·罗伯茨只顾自己私利，毫不考虑为自己公司生产的计算机提供操作语言的微软公司的利益，以捆绑销售的方式把比尔·盖茨和保罗·艾伦辛辛苦苦、没日没夜开发出的BASIC语言廉价出卖，大大伤害了比尔·盖茨。这让他意识到计算机软件开发者的利益必须要得到保护，他们的劳动必须得到应有的报酬。

因为艾德·罗伯茨的无赖行径，很多人对微型仪器遥测系统公司充满了厌恶之情，连带着他们对艾德·罗伯茨代为销售的微软公司的BASIC语言软件也有了报复心理。可谓城门失火，殃及池鱼，这让比尔·盖茨非常气愤。

有一次，在一个展览场上，一个计算机俱乐部的人无意间拾到了微型仪器遥测系统公司阿尔塔8800所用的BASIC语言打孔纸带。这是微软公司的机密文件，本应该被好好保管的，可是由于艾德·罗伯茨的疏忽，竟然把比尔·盖茨和保罗·艾伦的心血马马虎虎丢失了。这可给那些憎恶艾德·罗伯茨的人一个极好的报复机会，这个纸带被交给一个叫丹·索科尔的人复制。这样，微软公司的BASIC语言被无情地拷贝出来，而且被免费送给了阿尔塔8800的使用者和一些计算机爱好者。

因此，微软公司在经济方面蒙受了不小的损失，比尔·盖茨和保罗·艾伦一方面心疼自己的血汗，另一方面又对不尽完善的软件流传出去表示不满，他们希望自己的产品尽量完美。

"我们靠出售软件获得专利费，如果把我们为阿尔塔8800编写BASIC软件的时间平均计算，我们每个小时的工作只值2美元。"比尔·盖茨写了一封致计算机爱好者的公开信，附在阿尔塔用户的通讯录上，他与用户开诚布公，坦诚相见。

"多数计算机爱好者都知道你们所用的软件是盗窃而来的。计算机的硬件必须花钱买，而软件却因可以拷贝彼此分享而不用花钱。但是你们可曾想过，软件编写者的工作是否得到了应得的报酬？"比尔·盖茨接着写道："谁愿意白干？哪一个计算机爱好者希望他花费了3年的生命来编制的程序，结果让别人拿去随意发送？"

有300多人写回信给比尔·盖茨，有人对"盗窃"这个词表示异议，说不是所有人都用盗版软件；有人对盗版行为表示不满；有的来信是软件公司老板表示不想继续经营软件了，怕血本无归。当然这是与比尔·盖茨有同感的人，另外还有一些人则找出各种各样的理由，为自己非法使用软件的不良行为进行辩解。

软件开发者们也遭遇了比尔·盖茨和保罗·艾伦的尴尬，他们也想方设法避免盗版，但是收效甚微。无论程序编写者用什么办法防盗，都会有人破译他们设置的密码。没办法，很多公司便把因盗版而损失的利润计入到软件成本中，这又在一定程度上刺激了盗版。

尽管效果不显著，但是正确的事情必须去坚持，所以比尔·盖茨又在用户通讯录上附了一封信，继续谴责盗版行为。他认为这种软件被盗、售价增加的困境是由于很多人不理解一个道理，就是开发软件必须在时间上有巨大的付出，如果开发者得不到相应的报酬，那么软件公司就会放弃继续投资，这样就不会有更好的软件产生了。比尔·盖茨还提出了一些保护软件的办法，例如把程序储存在只读存储器里，那样就不会被复制了，可是那样做的副作用就是如果程序中出现了问题，使用者就没有办法进行调整了，最终损失的还是使用者的利益。

"同音乐作品一样，计算机软件也是一种知识产品，并不是可以免费使用的。"比尔·盖茨提出了自己对软件知识产权的看法。虽然比尔·盖茨的观点并没有说服全部的人，但是他仍不断地呼吁人们尊重软件开发者的劳动，他比较高兴地看到越来越多的人明白了一个事实，那就是计算机软件已经受到了版权法的保护。

人类的文明成果中有形的非常多，例如万里长城、泰姬陵、埃菲尔铁塔、金字塔，每个人都会对那些建筑者献上最真诚的赞美，而有些成果，尤其是一些少数人才能懂得其价值的无形的成果，因为比较抽象，极容易被轻视，他们的创造者也就得不到应有的承认。比如一个理论和学说的诞生，一本著作的创作，这里面有多少思想者的心血在里面，没有人能回答出来。不过，如果你看到上个世纪80年代至90年代富豪排行榜的时候，就会感到欣慰。因为1982年的时候，美国富翁前10名中有8人靠石油发家，而到了1997年，已经有6位知识产业者进入前10名，前6名中有5人是靠软件发家的，其中有3人出自微软公司。

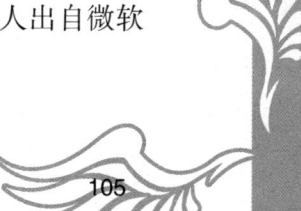

Bill Gates

第五章 机遇与挑战并存

- ■ 第一节　看透实质事半功倍
- ■ 第二节　迎接敲门的机遇
- ■ 第三节　襟怀广阔天地宽
- ■ 第四节　冲动未必是魔鬼
- ■ 第五节　成长的必修课

Bill Gates

第一节　看透实质事半功倍

> 当我是个孩童时我做了许多梦，如今很多梦都已成为现实。我曾有机会进行大量阅读，这给了我契机。
>
> ——比尔·盖茨

比尔·盖茨对事情的看法总是深入透彻。他认为市场的需求才是公司发展的指南针，不能因为某种技术相对先进就死守不放，也不能什么事情都靠自己解决。凭着这种观念，微软公司的发展速度必然飞快。

"标准常常出现在人们寻求兼容的时候。"比尔·盖茨说。比尔·盖茨的意思是客户需求量越大，产品的销售就越快，同时就会驱动更深层的需要，这样就会形成一个循环，在这个循环里，一个成功会推动另一个成功，比尔·盖茨称这种现象为"正反馈"。

说得直白一些，就是有一群饥饿的人，应该给他们足够的馒头，还是每人一只鲍鱼呢？答案不言自明。

20世纪70年代末80年代初，电子界发生了一场录像机制式

大战。当时在技术上领先的是BETA制式，可是在使用过程中这种制式的录像机一盘录像带只能录制1个小时，连一场完整的电影或足球赛都录不下来，而用技术稍微落后一些的VHS格式，一盘磁带就可以录3个小时。一般的用户更关心磁带的容量而不是比较细微的录制的质量，所以JVC公司开发出了VHS的标准程序，可以广泛用在VHS制式的录像机里，除了他们自己公司的产品可以使用VHS程序，他们还以低廉的价格把VHS标准程序的使用权转让给其他VHS制式录像机生产厂家。这样，VHS制式的录像机的生产和销售量剧增，VHS制式的录像带也随之增加，人们自然而然地认为VHS才是标准，反而冷落了技高一筹的BETA制式。1983年，当VHS制式磁带逐渐被确认为标准的时候，在美国的销量比1982年增加了50%，达到950万盒，而1984年的年销量已经是2200万盒，到了1987年，数字已经攀升到1.1亿盒，这就成就了VHS制式录像机一统天下的大业。而最典型的不适应这个"正反馈"循环的日本SONY公司始终坚持使用BETA制式，结局当然很悲凉。"一种技术的接受水平在数量上是能引起质量的变化的。"比尔·盖茨这样总结。

比尔·盖茨还举出激光唱机取代机械唱机的例子，来说明配套软件对于新标准的建立也起着至关重要的作用。因为激光唱片的大量生产，显示了激光唱机的优越性，这样才能真正取代有着百年以上历史的机械唱机，完成技术的更新换代。

在一个行业里，从业人员有很多，虽然说良莠不齐，但是在最高处的人们差别并不大，都很优秀。也就是说，当排序的时候，第一和第二、第三的差距根本不会有多大，只可能是一点点，但是状元与榜眼、探花的荣誉可不是一个级别的。再比如百米赛跑，2009年柏林田径世锦赛上，号称"闪电"的牙买加选手博尔特以9秒58的成绩获得冠军，美国名将盖伊获得亚军，成绩是9秒71，第三名的获得者也是牙买加人，成绩是9秒84。3名选手的成绩都不到10秒，差别分别只是0.13秒。有人测算过，人眨一下眼睛的时间是0.12秒到0.2秒之间，可见3位选手之间的差距有多么细微，可是最受瞩目的一定是第一名博尔特。

高科技的产品有一个特点，只要在原来的基础上加工就可以实现兼容性，产品的成本却不一定增加多少。所以如果有了这个基础，就会事半功倍。比尔·盖茨和保罗·艾伦往往能看到其他软件的前景，因而把下一步的产品设计好，这样就很容易实现行业领先了。

1979年，市场对微软公司渐渐了解，微软的BASIC语言已销往世界各地，年销售额也有250万美元了。比尔·盖茨与自己的团队总是能及时捕捉市场信息，分析市场需要，一旦看好哪个区域有发展就绝不放过。

当时在市场上最畅销的是苹果公司的苹果二号机。苹果公司沿用了自己的传统，软件都由自己开发。苹果二号机的芯片

比尔·盖茨的微软梦

是6502，由苹果公司技术人员自主研发出操作系统，目的是保留自己固定的客户群。苹果二号机的客户群引起了比尔·盖茨和保罗·艾伦的关注，他们觉得这是一块上好的牛排，不能不吃上一口。可是当时微软公司的FORTRAN和COBOL等语言只对8080芯片和CP/M系统有效。

"我们开发一款转换卡吧。"保罗·艾伦向比尔·盖茨建议。两个人一拍即合，随即把这个任务交给了西雅图的一个高中学生尼尔·孔森。尼尔·孔森在微软公司迁回西雅图以后，毛遂自荐到了这家年轻的公司，他非常喜欢这里的气氛，紧张却愉快，总有新挑战，也总有新成就。

尼尔·孔森圆满地完成了任务。微软公司把自己的软件成功装进了成千上万台苹果计算机，为自己赚了一大笔钱，可谓一次成功的借"机"生蛋。

微软公司几乎每一次借花献佛都卓有成效，到1978年的时候，微软的BASIC语言程序已经成为了市场标准。标准一经形成就会产生很大的"正反馈"循环，所以微软的翅膀越来越硬了！

比尔·盖茨的构想就是让自己的软件进入每一台计算机，他的雄心一步步地实现了。他已经介入到了自我保护力很强的苹果机里，很快他将上演一场蚂蚁傍大象的好戏，因为IBM公司主动来找微软合作了。

第二节　迎接敲门的机遇

> 只要有坚强的持久心，一个庸俗平凡的人也会有成功的一天，否则即使是一个才识卓越的人，也只能遭遇失败的命运。
>
> ——比尔·盖茨

"鸟随鸾凤飞腾远，人伴贤良品质高"，大鹏展翅如果能借助好风就可以扶摇直上九万里，这样的机遇可遇不可求，所以当机会敲门之前，一定要锻炼好自己高飞的本事。

当下微软公司在计算机软件行业已坐稳第一把交椅，但是30多年前，微软刚刚起步，与当时处于计算机产业第一集团的IBM、苹果的差距相当大，所以当IBM公司的人主动同小小的微软联系的时候，对微软来说确实是一种荣幸。

能得到这种殊荣，不是偶然，是因为微软公司踏踏实实地走好每一步，在公司的发展上理性而勤奋，更是因为比尔·盖茨的发展理念比较先进，总能使研究的时间最短也最有效。而IBM之所以看中了尚在发展中的微软公司，绝对不是一时兴起，而是经过深思熟虑的。

比尔·盖茨的微软梦

20世纪70年代末80年代初，提起IBM公司计算机界每个人都会倒吸一口凉气，因为这家公司太强大了。一般的公司与它相比，就像是一只蚂蚁或蚱蜢，同一只巨大的猛犸象站在一起，毫无竞争能力而言。可谁能想到这只大象也有陷入泥潭苦苦挣扎的时候呢？

美国IBM公司始建于1911年，全称为国际商用机器公司，在销售奇才托马斯·沃森手中壮大，是20世纪20年代最大的时钟制造商，也是电动打字机的市场霸主。IBM公司在计算机领域起步较早，从1951年起就开始经营计算机，家大业大影响大，到20世纪70年代的时候IBM已经占据了本土60%的市场份额，而且大部分欧洲市场也在其掌握之中。据说因为IBM高速膨胀，美国联邦政府曾在1969年的时候对它的经营进行了干预以保障竞争自由，如果不是这样，IBM公司会发展成什么样是没人能够预料到的。1980年的时候IBM公司的员工多达34万人，其中数以千计的经理人员统一身着蓝色制服，所以IBM又被人们称为"蓝色巨人"。

人无千日好，花无百日红，要想在残酷的竞争时代永远地占据魁首是非常艰难的，即使"蓝色巨人"IBM也很难做到。尤其是在成功经营了半个世纪以后，IBM公司形成了自己的管理和生产模式，稳健归稳健，却难免带有一些保守的味道，这就在技术变革时代显得步履沉重了。

IBM公司在硬件和软件方面都有成熟的开发和生产的部

门,他们一贯主张"自力更生"。在计算机硬件制造上,20世纪80年代初,80%的大型计算机市场占有率让他们生出些许安全感。就是这种绝对的领头羊的位置迷惑了IBM的眼睛,他们固执地认为,70年代末出现的个人计算机浪潮不过是一场游戏,小型计算机不过是嬉皮士之流手中的玩具而已。等到IBM公司发觉小型计算机才是未来主流的时候,他们想要再度领跑已经有些力不从心了。

为了保住自己的位置,IBM公司的决策人立刻召集专家开会,研讨个人计算机开发的问题。有的人提出走捷径,就是收购现有的较有名气的个人计算机生产公司,但是这条路很快就被堵死了。

IBM公司最初想收购阿塔里个人计算机公司,可是有人驳回了这条建议,理由是阿塔里不是美国最好的公司,于是他们又想收购苹果公司,可是这家美国最好的公司并没有出卖自己的打算。不好的不能买,好的买不来,IBM公司又回到了原点。

"我们还是自己动手丰衣足食吧。"有人建议按公司的老传统办。"时间问题怎么解决?"系统部实验室主任比尔·洛威立刻提出质疑。

因为从开始研发到生产成品,这期间至少要用4年的时间。4年,在时间的长河里不算什么,但是在计算机行业里,这可能意味着几个时代都过去了。苹果公司利用4年的时间,

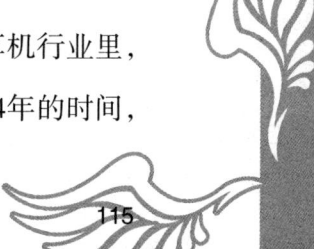

用苹果二号机成功替代了风行一时的阿尔塔,若等IBM公司研究出自己的个人计算机时,谁知道在技术上又会落后多少年呢?那样,公司投入大量人力物力,生产出来的不过是一堆废品而已。

"是啊,这无疑是指望一头笨重的大象去跳节奏飞快的踢踏舞!"董事长法兰克·卡里忧心忡忡地说。

形势所迫,IBM公司不得不改变过去的传统,他们制定了一个"象棋计划",要以最短的时间,在小型计算机领域占据有利地位。

为了执行"象棋计划",IBM公司成立了一个专门的委员会。委员会的成员收集整理了大量资料,个人计算机包括硬件和软件两方面。仔细研究以后,他们总结了苹果公司以及其他较好的公司领先的经验。其中有一条,就是鼓励和支持一些软件公司开发软件,这样会有效缩短新产品的试验期。于是,委员会建议公司高层改变一下传统的自主研发模式,采用这一办法。

IBM公司经过慎重考虑,同意了委员会的建议,但是他们要求这件事在没成功之前不能公开,一切都要秘密进行,将来达到"不鸣则已,一鸣惊人"的效果。委员会的成员欣然接受,他们也希望事情顺利。

在佛罗里达州的博卡拉顿研究中心,"象棋计划"委员会的成员们紧锣密鼓展开了工作,他们做的第一件事就是寻找合作伙伴。经过对全美国计算机市场流行的几种计算机的研究，委员会决定在硬件上采用英特尔公司的微处理器，而在软件上则注意到了微软公司。因为在研究中他们发现，微软公司虽然不是全美国最有名的软件公司，但却是在这些年中一直保持向上发展势头的公司。微软公司以BASIC语言为首的几个基本软件已经在小型计算机领域成为了标准，在行业竞争日趋激烈的情况下，微软公司产品的销售量每年都在翻番，这可是一件了不起的事。

"请安排一个时间与我们见面，我们是IBM公司的代表。"一个电话突然打到微软公司。"今天不行，我已经有了约会，可以把时间定在下周。"比尔·盖茨告知对方，因为他觉得IBM公司虽然在本行业举足轻重，但是并没什么必要为了他们改变自己的日程。况且自己也不是没和IBM公司打过交道，以前在电话里他们就商议过购买软件的事。"两个小时以后我们的代表就会飞到西雅图。"IBM公司的人很强势，自顾自说了他们的行程。看来IBM公司不是购买软件这么简单，他们弄得如此神秘，还派代表亲自前来，这里面究竟有什么秘密呢？如此一来，比尔·盖茨就必须认真考虑他该如何对待两位神秘的访客了。

比尔·盖茨意识到事关重大，当下没什么比会见IBM公司的代表更重要的事了——哪怕是他跟阿塔里公司董事长的约会。

比尔·盖茨的微软梦

比尔·盖茨取消了约会，与同事兼老友史蒂夫·鲍默尔一起会见了IBM公司的代表。他们脱下圆领衫、牛仔裤和运动鞋，换上了笔挺的西装和闪亮的皮鞋，目的是想告诉大公司的人，微软公司也很正规，很讲究礼仪。

"请在这份协议上签个字。"IBM公司的代表一见面就提出了一个不可思议的要求。比尔·盖茨觉得很奇怪，他看了看协议的内容，不假思索地签了字。协议上规定比尔·盖茨一方保证不泄露谈判的任何内容，同时也不可以向IBM公司的代表谈及微软公司的任何机密，例如某些设计构想，以避免日后发生纠纷，而且微软公司永远不得对IBM公司提出法律诉讼。

这是一份莫名其妙的协议，但是精通法律的比尔·盖茨觉得对自己并没什么不好，所以他签了字，等待秘密被揭开。

"这是迄今为止我们公司做的最不可思议的事。"两位代表严肃地说。接着IBM公司的代表向比尔·盖茨提了一些问题，比如微软公司生产哪些软件、个人计算机的哪种功能最重要等，根本就没什么秘密可言。"不要给我们打电话，我们会打给你们的。"临别时奇怪的访客留下了一句奇怪的话。

真是莫名其妙，毫无实质性的交流却弄得神秘兮兮的，比尔·盖茨一头雾水，可是他相信大名鼎鼎的IBM公司不可能仅为了了解一个小公司而采取如此神秘的行动，他隐约觉得一件关乎微软公司命运的大事就要发生了！

第三节　襟怀广阔天地宽

> 幸运之神会光顾世界上的每一个人，但如果她发现这个人并没有准备好要迎接她时，她就会从大门走进来，然后从窗子飞出去。
>
> ——比尔·盖茨

"儒商"是人们对商人的一种美誉。纵观那些儒雅有风度有德行的商人，他们注重个人修养，以诚信为本，讲究团队精神，社会责任心强。春秋时期的范蠡是著名的政治家、谋士，更是中国儒商的鼻祖。范蠡世称"陶朱公"，被尊为"商圣"，出身贫寒，一生三次经商，富甲天下。"忠以为国，智以保身，商以致富，成名天下"是后人对他一生的概括，从中既反映出人们对他的尊敬，又可以看出人们对商人的一种期待。

无论做什么事都以"立人为本"，也只有自己的品行与操守白璧无瑕才有可能成就大事业，比尔·盖茨能有今天的辉煌，与他一开始就显露的君子风度有很大关系。

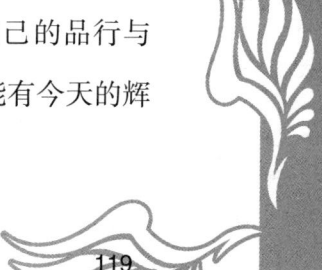

虽然IBM公司的特使让比尔·盖茨如坠云雾，可是这两个观察员却一点也不糊涂，他们回到公司以后，向公司汇报了他们对微软公司的看法。他们觉得微软公司是一个年轻有活力的公司，公司的负责人诚以待人，又富于进取之心，尽管是泛泛之谈，也可以看出他们对于本行业的了解是颇为到位的。最后，IBM公司做出了一个重大的决定，他们将微软公司列入他们重要的合作伙伴名单。

"希望我们能再次会面。"微软公司再次接到了IBM公司的电话，这已经是一个月以后的事情了。

IBM公司派出了一个5人代表团，有行业专家，也有法律顾问，这显然是一个非常正式的谈判。为了公平起见，比尔·盖茨也组织了一个5人谈判小组，微软公司虽然与IBM公司实力悬殊，但是在地位上他们是平等的，都是独立的实业公司，只是规模大小不同而已。比尔·盖茨一开始就把自己与IBM公司的关系理得很清，他们只是合作伙伴，而不是上下级的关系。

IBM公司如法炮制，又让比尔·盖茨签署了一份协议，内容与第一次一样，接着他们就把真正的目的告诉了比尔·盖茨。"我们正在研制一种个人计算机，现在需要你们与我们合作来完成。"IBM公司的代表说。

葫芦里装的竟然是仙丹！比尔·盖茨原来不知道IBM为什么那么神秘，现在他完全明白为什么他们那么严肃了。IBM公

司还从没生产过个人计算机，所以这是关系到IBM公司命运的一个大项目。知道了对方的意图，比尔·盖茨欣喜若狂，他知道这也是微软公司千载难逢的好机会，这将大大缩短微软公司走向成功的时间，他要好好把握这个突然敲门而来的、不可多得的机会！

"我们计划采用英特尔公司的8080芯片，如果我们向你们提供一项8位数的计算机规格书，你们能不能在它的只读存储器上编写BASIC语言？"IBM公司的人直截了当地提出了问题。"当然没问题。"比尔·盖茨很有把握地说。"要在1981年4月之前完成。"IBM公司的人接说。"那也毫无问题。"比尔·盖茨对自己公司的技术心中有数。"不过我个人认为贵公司不应该用8080芯片，而应该用更高级的8086芯片。"比尔·盖茨诚实地说。因为熟知个人计算机发展的比尔·盖茨知道，虽然当时市场上个人计算机的芯片以8080芯片为主，规格是8位数，但是已经有8086芯片取而代之的苗头。

8086芯片是1978年4月英特尔公司推出的新产品，专门为微型计算机而设计，在存储和调用容量上比8080芯片大15倍还多，8080芯片只有6.4万个字节，而8086已经达到100万个字节了，在速度上8080与8086更是不可同日而语。8086芯片的优势比尔·盖茨相当清楚，因为他们已经为8086芯片成功地研发出BASIC语言了。

当时是1978年秋天，英特尔公司公开展示过8086芯片不久，微软公司看到这款芯片的潜力，决定为它编写BASIC语言。因为微软公司在BASIC语言上已经成为行业标准，所以微软公司与英特尔公司达成了协议。仅仅6个月以后，在西雅图另一位个人计算机专家蒂姆·帕特森的配合下，微软就成功地编写出了适用于8086芯片的BASIC语言。

IBM公司的人很重视比尔·盖茨的建议，他们回到公司经过缜密研究，终于决定采纳比尔·盖茨的建议，在公司第一款个人计算机上采用尚未流行的8086芯片。

"象棋计划"顺利启动，IBM公司的人非常高兴，他们找到比尔·盖茨，要求微软公司提供8086芯片的全部操作系统，这就不仅需要BASIC语言，还要有FORTRAN、COBOL语言。

比尔·盖茨为难了，单纯的研究技术对微软公司来说不成问题，但是在知识产权方面出现了一些麻烦事。

微软公司生产的各种版本的FORTRAN、COBOL语言，都是依靠CP/M操作系统而编写的，比尔·盖茨知道开发CP/M操作系统的数字研究公司，目前正在研发IBM公司所要求的东西。如果微软公司答应IBM公司的要求，无疑会引起两家公司之间的矛盾，而两家公司的关系一直是比较友好的。况且如果微软要在CP/M操作系统上为IBM开发软件也要取得数字研究公司的同意，所以怎么也不能抛开数字研究公司来开发8086芯片的操作系统。

数字研究公司与微软公司的渊源颇深，原来数字研究公司的负责人，就是当初比尔·盖茨和保罗·艾伦在湖滨中学为那四个大学生打夜工时认识的基尔代尔教授。他们一直没有断了联系，而且关系很融洽。

"你我是少数仅在这种东西里才能感到自在的人。"基尔代尔教授对比尔·盖茨这样说，他把比尔·盖茨视为知己，忘年之交让两人始终都很重视对方的感受。

基尔代尔教授在计算机软件方面成绩卓著，早在1973年下半年，他就编写出了世界上第一个简单有效的计算机操作系统，命名为CP/M。基尔代尔教授是一个纯粹的学者，对经商毫不感兴趣，是他的妻子说服他开办公司的。与夫人感情甚笃的基尔代尔教授成立了数字研究公司，主要是开发计算机的操作系统，当比尔·盖茨也开办了微软公司的时候，两家公司形成一种默契，就是微软公司主要销售语言软件，而数字研究公司则侧重于出售操作系统，等于两家界限清楚，井水不犯河水，所以两家公司相安无事，并非常友好。

1979年，出于各种各样的原因，数字研究公司开始涉足语言软件开发，在一方打破规则之后，微软公司随即开始研发操作系统，从此两家公司的关系发生了变化，从纯粹的朋友变成了竞争对手。

但是毕竟两家公司的关系非同一般，比尔·盖茨觉得数字研究公司更适合IBM公司的要求，所以他竟然做出了一个重大决定——放弃这次迅速成功的机会。他接通了数字研究公司的

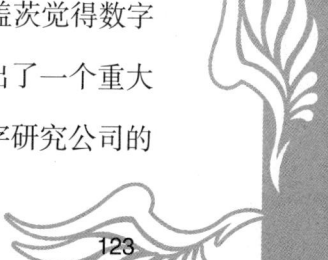

电话，说IBM公司将有一桩大买卖要与他们谈谈。

可惜，就是有人有眼不识金镶玉。比尔·盖茨把他经商以来最大的买卖慷慨出让以后，数字研究公司的人却没有很好地接下来。

IBM公司的人飞到位于加利福尼亚州的数字研究公司，负责人基尔代尔教授出差在外，他的妻子和公司的法律顾问接待了IBM的远方来客，当他们被要求在那份神秘的文件上签字时，他们开始怀疑IBM公司的动机，因而不肯签字。

"相信我们，这只是一个程序，一个形式而已，对你们而言一点损失都没有。"IBM公司的人耐心地解释。可是无论他们怎么解释，基尔代尔夫人就是不为所动，没有办法，IBM公司的人只能悻悻地打道回府，他们还很少碰到这样的待遇。

基尔代尔教授回到公司以后，听说了IBM公司派代表的事情，他表示那是一份可以签署的协议，但是他并没有采取主动的措施与IBM公司联系，而是消极地放弃了这个好机会。

基尔代尔教授也知道与IBM公司的合作机会很难得，但是他没有意识到他错过的是什么，他还以为是一个一般的开发项目，而当时他正在与惠普公司洽谈一笔业务，他觉得如果成功，收益绝不会小于IBM公司的这一笔。还有一点也比较重要，当他得知IBM公司要在次年4月得到8086芯片的操作系统时，他就更要慎重了。因为尽管他的公司在1年前就开始研发，可是进展并不快，要在IBM公司所说的时间内完成任务也是一件不太可能的事情。

后来，IBM公司又数次打电话到数字研究公司，可是，阴差阳错，始终都没有与基尔代尔教授直接通上话。于是，受了冷落的IBM公司决定放弃，他们觉得还是微软公司更加适合他们。微软公司的负责人大度又积极，他们明白，能让一个商人把大客户拱手相让是需要有虚怀若谷的精神的。而且还有一点很重要，微软公司的研发能力并不弱。微软公司再一次迎来了IBM公司的代表，这次他可以心安理得地接受上帝的垂青了。

态度决定一切，这句话没错。

第四节　冲动未必是魔鬼

> 强烈的欲望也是非常重要的。人需要有强大的动力才能在好的职业中获得成功。你必须在心中有非分之想，你必须尽力抓住那个机会。
>
> ——比尔·盖茨

人们做事情的时候风格各异，有人稳健有人冲动，很多时候"冲动"会引发悲剧，但是适当的冲动会是一种正能量。

比尔·盖茨的微软梦

"依我看,加利福尼亚州和华盛顿州最大的差异,就在于加利福尼亚州没有那么多工厂和烟囱,尤其是没有像你这样好冲动的年轻人。"基尔代尔教授在电话里曾对比尔·盖茨这样说。

基尔代尔教授说得没错,华盛顿州的确是因为多了比尔·盖茨这样一个年轻人,而将在州志上多一页其他州都没有的辉煌的记录。但是他说的"冲动"是指比尔·盖茨对生活目标的追求高,总被一种勃勃雄心驱动着去做惊天动地的大事,并不是说比尔·盖茨是一个盲目冲动的年轻人,他知道他是一个胆大心细的追梦人。

比尔·盖茨一方面有儒商的风度,另一方面又有生意人应该有的细心,正是这样的性格,他才能迎来命运的垂青。

比尔·盖茨把IBM公司的人介绍给数字研究公司的原因还在于他知道基尔代尔教授与英特尔公司往来频繁,几乎每周都去一次英特尔公司做技术顾问,基尔代尔教授还花了几个星期的时间为英特尔公司编写出一种PL/M语言,比BASIC语言还要严密。所以比尔·盖茨觉得这次IBM公司采用的就是英特尔公司的芯片,那么让更熟知英特尔公司的基尔代尔教授来研发新系统会更好,这样才出现了一段出让机会的商场佳话。

不过数字研究公司与IBM公司似乎缘分不够,他们没有走到一起,最终IBM公司还是与计划中的第一人选——微软公司签下了秘密合作合同,从此微软在"蓝色巨人"的身旁迅速长大。

因为数字研究公司没有同意与IBM公司合作，为了避免商业纠纷，微软就不能在CP/M系统上为IBM设计新系统了，他们必须自己研发一个基本运行系统，这是一个大挑战，可是比尔·盖茨并不害怕。

比尔·盖茨对计算机软件领域始终非常关注，他知道在西雅图有一家计算机产品公司，以出售计算机主机板为主。他们公司有一个SCP-DOS系统，是专门为8086芯片开发的16位操作系统，可以用来代替CP/M系统，它的开发者叫蒂姆·帕特森。

蒂姆·帕特森是比尔·盖茨的熟人，所以比尔·盖茨知道蒂姆·帕特森开发SCP-DOS系统的过程，说出来很巧，这也与基尔代尔教授的拒绝有关。原来蒂姆·帕特森用来做中心处理器的，就是英特尔公司的8080芯片，他非常需要一种16位的操作系统，否则他的硬件无法出售。于是他请基尔代尔教授帮忙，但是一向好游山玩水的教授没有答应。基尔代尔教授的人生目标不是比尔·盖茨式的"我要赢"，而是一种随意的快乐，他不愿意受到任何约束，一切需要时间限制的程序设计都是他不愿意接受的。蒂姆·帕特森只好自己花时间来设计，半年之后，也就是1980年4月，SCP-DOS系统问世，这款系统最初的名字叫QDOS。当时蒂姆曾经问过保罗·艾伦，微软公司是否有兴趣获得这种软件的使用许可权，因此比尔·盖茨比别

人更了解蒂姆·帕特森的成果有什么意义。比尔·盖茨觉得在蒂姆·帕特森的QDOS系统基础上进行改造，微软公司开发新软件就会按IBM公司的要求准时完成。

1980年10月，保罗·艾伦找到蒂姆·帕特森，说微软公司对他的QDOS操作系统很感兴趣，希望能买下这个软件。蒂姆·帕特森把QDOS的使用权卖了10万美元，他不知道，他还将在这款软件上得到更大的利润。

有了QDOS做基础，微软公司为IBM公司设计软件将会缩短1年的时间，信心十足的微软公司去IBM公司谈判了。比尔·盖茨、保罗·艾伦和史蒂夫·鲍默尔三人一起上阵，飞往佛罗里达州的博卡拉顿，三人在飞机上还在反复检查报告。从迈阿密下飞机后，比尔·盖茨忽然发现自己没打领带，他在去博卡拉顿的途中买了一条新领带，把自己打扮成了一个十足的老板模样。

在IBM公司的会议室，已经有14名技术人员在那里等待远道而来的客人了。他们知道来人很年轻，但还是被三人的样子吓了一跳，更吓到他们的，是这三个年轻人对专业知识的精通。

双方围绕技术问题热烈地讨论，IBM公司设计组的员工问了几十个问题，比尔·盖茨都一一做了详细的回答，他看出来对方很满意。"你们公司有几个像你这样的人？"这是IBM公司的人提出的最后一个问题。"可以说我们公司每个人都和我一样，"比尔·盖茨说，他还补充了一句，"我是我们公司里学历最低的一个。"吃午饭的时候，比尔·盖茨很开心，他觉得离最后签约的时刻不远了。

"微软公司？就是玛丽·盖茨的儿子的那家公司吗？"公司的新董事长约翰·奥佩尔问比尔·盖茨。"是的。我就是她的儿子，我叫比尔·盖茨。"比尔·盖茨回答。好运要来是挡不住的，约翰·奥佩尔原来曾与玛丽·盖茨共事过。在联合道路公司董事会时，他们都是董事。他对玛丽·盖茨高贵的人格和严谨的作风有着深刻的印象，他觉得老朋友的儿子也应该不错。总之，小小的微软公司最后与大大的IBM公司签订了共同研制个人计算机的合同，那是1980年的11月6日。

微软公司拿到了有史以来最大的一单生意，他们像机器一样忙碌起来，两家公司相距4000公里，除了用邮件的方式联系，有时候也要实地交流。比尔·盖茨已经习惯了在飞机上睡觉，这样可以把时间节约下来，下飞机就进入工作状态。有时候他的行程是一天在天上飞13000公里。这时候，这个精力充沛的小伙子表现出了他"冲动"的一面，他总是充满活力，从没有萎靡不振的时候。

在软件开发进入尾声的时候，这个被基尔代尔教授认为"冲动"的人做了一件最冷静的事。微软公司最开始要解决的问题是将QDOS系统使用的8英寸的磁盘改为5.25英寸，这就要改变数字的记录状态。有一天，蒂姆·帕特森突然接到了IBM

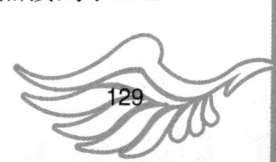

的电话，咨询DOS系统的问题，这让他很茫然。当他问对方是谁时，对方忽然意识到这不是他们要找的人，他们马上就搪塞一下挂断了电话。蒂姆·帕特森当然不知道电话是谁打来的，也不知道他的软件正在脱胎换骨，被微软公司打造成另一番模样。

蒂姆·帕特森不了解情况，谙熟法律的比尔·盖茨可是非常明白，当微软按照IBM公司的要求提交了所有的软件，双方的合作经过一段时间的交流与完善即将公之于众的时候，他开始着手解决他担心的问题。比尔·盖茨知道，微软公司从西雅图计算机公司手里购买的QDOS软件的版权并不完整，按照保罗·艾伦与蒂姆·帕特森的合同规定，将这个软件转让给其他公司的权利，西雅图计算机公司依然保留着，这可是一个隐患。

保罗·艾伦与蒂姆·帕特森关系密切，往来较多，所以比尔·盖茨把这件事交给了保罗·艾伦，他让保罗·艾伦对蒂姆·帕特森说微软公司有意得到QDOS的完全转让权，借口是为了全面对付数字研究公司，这可真是一个无懈可击的理由。

当时西雅图计算机公司的老板是罗德·布洛克，他听说以后觉得没什么不妥，就答应与微软公司签约。等到见面的时候，罗德·布洛克才知道微软要购买的是这个软件的专利权。原来比尔·盖茨用了一个障眼法，先是约好罗德·布洛克见面，然后在合同上做了一个看来不起眼却重要的调整，他把说

好的购买唯一使用权改成了专利权。为了十拿九稳，比尔·盖茨开出了优惠条件，那就是允许西雅图计算机公司继续使用这个软件，而且日后可以免费使用它的升级版本。被蒙在鼓里的罗德·布洛克看到合同后觉得对自己的公司没有不利的地方，看起来还很有诱惑力。他不仅又能得到一笔可观的收益，而且还可以有后续的一些利益。

所以说不是每一个好部下都能遇到好将军，罗德·布洛克对蒂姆·帕特森的软件并不了解，不知道微软公司借助它做成了一件轰轰烈烈的大事，他甚至觉得那是一个没有什么前途的软件。现在有免费的午餐，他不仅没有失去这个软件的使用权，将来还可以免费使用升级版，他可不能坐失良机。再说，IBM公司与微软公司的保密合同也帮了比尔·盖茨的大忙，没有人知道西雅图的小伙子们正在和老练的加利福尼亚州的大公司一起合作。罗德·布洛克很高兴地与微软公司签署了专利转卖的协议，他们双方都很满意。

1981年8月12日，在微软公司从西雅图计算机公司买下QDOS操作系统转让权后的第16天，IBM公司在纽约宣布了新型个人计算机问世的消息，并展出了一台样机。这台样机所采用的运行系统就是在QDOS基础上改良的MS-DOS系统，可此时它已经完全属于微软公司了。这个系统将为微软公司带来巨大的利益，远比给罗德·布洛克的午餐费多得多！

IBM的个人计算机销售非常成功，一年之后就售出了

比尔·盖茨的微软梦

13000多台，收入多达4300万美元，而又一年过去的时候，IBM计算机的销量已经突破50万大关，把惠普、数字设备公司、德州仪器公司、施乐公司等计算机大家们远远地抛在了后面，"象棋计划"实现了IBM公司重新领跑的梦想。在这个真实的美梦中一鸣惊人的，还有它的合作伙伴——微软公司。

IBM公司的成功，催生了比尔·盖茨所说的那种"正反馈"现象。由于个人计算机的功能越来越强大，各种软件也相应地开发出来，软件行业发展迅猛，竞争激烈，一场软件大战打响了。微软公司挟着一股锐气带着他们的MS-DOS、BASIC、FORTRAN、PASCAL语言和一个惊险游戏、一个打字程序加入了这场大战，由于与IBM的成功合作，更多的人认识并认可了微软，微软大踏步向软件行业第一方阵走去，并且势不可挡。

一切都是"冲动"的小伙子比尔·盖茨深思熟虑的结果，他总是未雨绸缪，有时候他的冷静才显露出他"魔鬼"的一面。可这就是商场，需要冲动，也需要冷静，而且如果没有比尔·盖茨的发现，蒂姆·帕特森的心血或许真的就被湮没了。

第五节　成长的必修课

大成功靠团队，小成功靠个人。

——比尔·盖茨

"宝剑锋从磨砺出，梅花香自苦寒来"，没有一种收获不是经过付出得来的。只有体验到奋斗的艰辛，才能有超越自我的决心，所以经历困难、接受考验都是成长的必修课。

与IBM公司的合作固然是一个快速发展的机会，但是这期间的酸甜苦辣也让比尔·盖茨体验到了受制于人的苦恼。在为IBM公司开发操作系统的一年里，IBM公司对微软公司的保密工作要求极为严格。微软研发小组的人都集中在西雅图国家银行大厦8楼微软公司的一间办公室里。这间办公室位于走廊的尽头，长9英尺，宽6英尺，房间没有窗户，也没有空调设备，酷热的夏天室温达到38℃，可IBM公司还不允许他们开门。这是一幢公司众多的写字楼，微软公司的隔壁是一家证券公司，IBM公司在办公室里安装了一种专门的保险箱，要求一切与"象棋计划"有关的资料、文件都不得带出房间。更有甚者，IBM公司还要求在房间的天花板上安装铁丝网，说是为了防止有人从屋顶进入房间，但是这个要求被比尔·盖茨严词拒绝了，他们是在工作，而不是住监狱，虽然这里的确不比监狱好多少。

IBM公司的人就像监狱的看守，他们不定期抽查，有一次天气太热，几个人实在忍不住了就开门通通风，恰好IBM公司的人前来巡查，因此微软公司遭到严厉的警告。但是他们不得不接受，因为他们也明白这种保密的意义。商战也是信息战，一旦泄密，满盘皆输，所以微软公司血气方刚的小伙子们在那段时间都变得循规蹈矩了。

微软公司的干将们过了一段隐居生活，他们不再出现在冬天的滑雪场、有声有色的电影院里了。为了一个共同的梦想，他们知道牺牲是必要的。当然，他们也会焚膏继晷地工作5天5夜，只为能亲自参观史无前例的航天飞机发射的大场面。

IBM公司成全了微软公司，前者为后者提供了一个发展的平台，但是这其中夹杂着微软公司心理上的委屈，也有被牵引着被动行动走弯路的痛苦。IBM公司经常派人不定期巡查微软公司，这是一件让比尔·盖茨很头疼的事，如果微软公司派人到迈阿密，帮助IBM解决技术难题，他们的"待遇"更是高到让人无法忍受。在IBM公司，总有人如影随形地"照顾"微软公司的技术人员，包括在休息场所也让客人们感到拘谨，似乎IBM公司到处是秘密，而来的人都图谋不轨。"在IBM办事真不容易。在那里事无巨细，都要由高层人士做决定，为了解决一个小问题，我们不得不花几个星期撰写报告并等待批准。"与IBM公司打过交道的微软员工感慨地说。

这样的关系势必使两家公司的关系日趋紧张，而IBM公司这种高度集权的做法往往贻误战机，不仅让自己发展缓慢，也会给合作伙伴带来损失。IBM在辉煌了一段时间之后被胜利冲昏了头脑，他们似乎忘了商场风云变幻，稍有不慎就会被残忍地挤出擂台。IBM满足于现状，对自己开发的软件过于自信，对微软提供的软件方案又都处理滞后，很快IBM所占领的个人计算机市场就被瓜分了。

微软曾经设计了一套多计划软件，设计时充分地考虑了各种计算机的兼容性，作为软件本身是一个杰出的成果，但是这套软件存在着一个致命的弱点，那就是在它受到IBM公司要求的制约，只能使用64K的内存，所以在功能和速度上都没有绝对的竞争力。而且这款软件微软公司在1982年春天就交给IBM公司了，可是直到当年的10月，才迟迟面世。

"我们一直在为一个错误的要求而工作。"西蒙伊提起这款不幸的软件时叹息着说。当时微软公司有一个导向失误，他们第一次丧失了判断力，没有预见到大内存计算机将会迅速崛起，所以设计时没能使自己的产品满足更高的需要。而且这款软件本来就在小内存卡上运行，再过分考虑广泛的适用性，就使计算机运行速度变得更加缓慢，而运行速度快慢是人们选择软件的一个重要指标。这就让这个很好的软件有价无市，就像

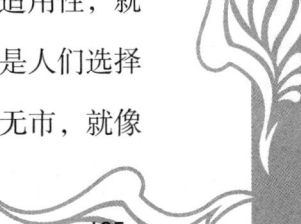

当初比尔·盖茨说的录像机制式那个例子一样,他们好像犯了索尼坚持用BETA制式一样的错误,内行的人懂得这款软件的技术价值,但是在消费者那里是不需要这么高的技术含量的。

为了突出自己,微软公司把"多计划"改成了"微软计划",这款软件其实也为微软公司带来了不小的荣誉。"多计划"软件一出台就受到了多家媒体的高度评价。《软件评论》杂志说它易学易用,功能强大,拥有全部必需的性能,是同类产品中的最佳选择。《世界信息》周刊将"多计划"软件评为"年度最佳软件"。可是因为"多计划"最开始的导向失误,它很快就被后来者"Lotusl-2-3"所取代。1983年的时候,"多计划"软件从应用软件这个最重要的市场中被完全挤了出去,只勉强排进畅销软件排行榜的30名之列,而且还有下滑之势。

痛定思痛,微软公司考虑了未来的发展方向,他们一方面考虑摆脱IBM公司的阴影,另一方面开始另辟蹊径,既然在国内市场惨败,那就到国外去开拓新战场吧。

下过围棋的人都知道,当你在一个地方被困住的时候,绝不能钻牛角尖,暂时把这个死角搁置在一边,另外开辟新领域不失为一个好办法,等到全局发生变化的时候,当初的死角也就绝处逢生了。

比尔·盖茨把目光转向了欧洲大陆。比尔·盖茨对自己公司的软件是非常有信心的,他觉得"多计划"软件虽然在美国市场业绩不佳，但是胜败乃兵家常事，微软公司总有一天会东山再起卷土重来。"多计划"的思路是没错的，微软公司不是输在技术上，而是输在战术上。对于技术公司而言，只要技术领先就一定会有突围的机会，况且比尔·盖茨早就对国外市场有占领计划了。日本市场自不必说，欧洲市场他也派人去展开工作了。

1982年初，微软公司派鲍勃·奥里尔去欧洲调研。鲍勃·奥里尔的第一站是英国，他发现英国最畅销的计算机是由皇家爵士大卫·辛克莱设计的辛克莱计算机。这款计算机在英国的销量比著名的苹果或坦迪计算机高9倍之多，而且就整个欧洲而言，苹果和科莫多计算机的市场最大，几乎看不到IBM计算机。

鲍勃·奥里尔是一个公关专家，他竟然设法使英国生产CP/M-86操作系统的维克多公司改变了主打产品，开始转向生产微软公司的MS-DOS系统。接着他又到法国，说服了布尔公司、RE公司和雷诺公司支持MS-DOS系统，在他的监督下，BASIC作业手册也有了法文版和德文版。他做这些的时候，远在美国的软件公司还在为争夺本土市场打得不可开交。

1982年8月，微软公司又派遣杰夫·雷克斯到欧洲推广"多计划"软件。杰夫·雷克斯的法国之行可谓悲喜交加，他同女友结伴而行。到法国卡莱以后，他们租了一辆汽车，没想到5分钟以后就发生了车祸，女友受伤住进医院，幸而杰夫·雷克斯安然无恙，还可以继续工作，这就给他带来了好运。所谓否极泰来，杰夫·雷克斯的旅伴变成了同事鲍勃·奥里尔，他们选择了安全系数更高的火车从卡莱去巴黎，结果遇到了苹果公司的驻法代表乔钦·坎宾。双方聊得很尽兴，很快就达成了一项协议，乔钦·坎宾同意在销售量极高的苹果二号机上搭售微软的"多计划"软件。这是一桩不小的买卖，杰夫·雷克斯按捺不住自己的喜悦，立刻赶回医院向躺在病床上的女友表达了结婚意愿，这或许是微软公司的另一项喜人的业绩。

就这样，微软公司渐渐打开了欧洲的局面，他们已经有了各种欧洲语言版本的软件，而且市场也有条理地分成了英国、德国和法国三个主要市场，正有计划地在各国设置分公司。

当"多计划"软件在美国受挫的时候，比尔·盖茨只是愤怒，却没有绝望，因为他还有秘密武器。

1983年5月，微软公司法国分公司成立，法国人迈克尔·拉孔贝通过面试成为了负责人。在微软的团队里，没有国籍之分，他们都只有一个共同的目标，释放自己的激情，为了人生理想而团结奋斗。

1983年的9月，"多计划"软件法文版正式发售，因为前期工作到位，苹果、IBM公司的个人计算机都搭售了这款软件，此方不亮彼方亮，"多计划"软件顺利登陆欧洲。微软乘势而上，法国第二大计算机公司费多克公司还请微软为他们编写了特定版本的"多计划"软件,这个软件不久在法国应用软件排行榜上荣登榜首。

比尔·盖茨领导的微软公司没有倒下,它抢占欧洲市场的战略极为成功。他在美国的对手Lotus1-2-3软件法文版于1986年才进入法国,那时微软早已在法国一统天下;另一方面,欧洲市场也为微软赚了一大笔钱。微软公司再杀回美国本土的时候已经不是当初那个寄人篱下的小公司了,它已经成为国际著名的软件公司。

Bill Gates

第六章　用实力说话

- ■ 第一节 因为热爱而留下
- ■ 第二节 比尔的用人之道
- ■ 第三节 别人开门，你要开窗
- ■ 第四节 难产的"泡沫软件"
- ■ 第五节 在悬崖上走钢丝
- ■ 第六节 不住平常屋，不走寻常路

Bill Gates

第一节　因为热爱而留下

微软离破产永远只有18个月。

——比尔·盖茨

一个集体，无论大小只要有一种凝聚力就会有无限的生命力和创造力。一颗种子在地下只要有向往阳光的愿望，就会破土而出，总有一天长成参天大树。但要想枝繁叶茂，这棵树就必须有一个深植在土里的根，这个"根"就是一个团队的精神。

1977年，微软公司已经开始像一个正规的公司一样运营了，别看当时只有6个人，可是这6个人都全力以赴，又都能力超群，所以微软公司就出现了一派繁华忙碌的景观。

微软公司与微型仪器遥测系统公司的关系因为艾德·罗伯茨的关系越来越僵，两家公司最后分道扬镳，可是从人员上却没有分离。在与微软公司接触以后，微型仪器遥测系统公司的很多人选择了到这群伴着动感摇滚乐一起工作的年轻人的公司。这些人包括张伯伦、安德烈亚、刘易斯、马克等，他们都是不满前公司的怠惰与混乱，看到了微软公司的热情与活力，

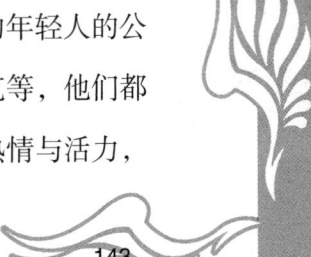

才不可思议地跑到一家刚成立的小公司里面的，他们不在乎公司的经理才20岁。

最重要的是在与微软公司的合作中，人们对比尔·盖茨和保罗·艾伦有了深入的了解，这两个年轻人精通业务，懂得法律，在理性与感情的关系中从来都处理得很清楚，所以他们相信年龄不是问题，理念才是关键。事实证明，良禽择木而栖，他们的选择一点都没错。

微软的灵魂就是热爱与追求，在这里没有年龄的界限，没有等级的观念，大家平等且自由，技术人员与秘书一样，都很受人尊重。因此微软公司的队伍愈来愈壮大，从来阿尔伯克基的两个人到公司搬回西雅图，公司已经有13个人了。

公司的女秘书米利亚姆·卢宝是公司的第二任秘书，也是微软公司的元老级秘书，她见证了微软的发展、崛起和辉煌，尽管她最初只是因为不愿意在家里做一个全职家庭主妇才出来找事情做的，她都没有想到会得到一个秘书的位置，因为那一职位一般都钟情于年轻漂亮的女孩。可是微软公司的招聘合格通知就发给了她，这一做她就再也不愿离开了，她愿意把自己的生命和热情都奉献给这个年轻的公司，哪怕要她在中年以后还迁徙奔波，因为这里是一个让人们觉得自己还"活着"的地方。

有人见过现在大学男生的宿舍，条件不错，可是室内环境大多很凌乱，据说有的大学生定期雇钟点工为他们打扫卫

生。这是孩子们自理能力下降的一种体现，可是从另外一方面来说，年轻男孩儿们对于卫生和秩序的感觉总是不够敏锐，所以当微软公司都是20来岁的小伙子的时候，公司的环境可想而知。并且随着公司业务的增多，在事务的安排上需要越来越细致，这对于每天沉浸在数字、符号当中的大男孩们来说更是一件头痛的事，所以他们开始招聘女秘书。

第一任女秘书果然是一个美丽的金发女郎，可是没过多久，这个窈窕淑女抛下了一句"这里太没意思"就转身离去，挥一挥手，没有一点留恋。可能是美女秘书留不住的事实让男孩子们明白，美丽与寂寞是不能为伍的，所以当他们看到42岁的已经是4个孩子的妈妈米利亚姆·卢宝前来应聘的时候，他们希望能有一个在这个"没意思"的环境里留下来的人，他们决定招聘这个家庭主妇。

接待米利亚姆·卢宝的是史蒂夫·伍德，他自称总经理，他对米利亚姆·卢宝说："我们这里需要一个能干各种杂务的人，当然工资不成问题。""我愿意试试看。"米利亚姆·卢宝诚恳地说。

一个星期以后，米利亚姆·卢宝正式上班了，她发现这里果然是一个"没意思"的地方，这里的人每天的工作就是对着计算机敲来敲去，也不知道究竟生产什么东西。可是她却觉得在计算机前忙来忙去的年轻人们都很快乐，也很开心，她非常愿意与他们一样忙起来，尽管好长时间她都不明白他们在忙什么。

最初的几天，公司分配给米利亚姆·卢宝的工作是每天到市公立学校取成叠的"报表"，她觉得那些"报表"就是小伙子们常常提起的"软件"了，那些"报表"当然相当重要。因为不懂，所以米利亚姆·卢宝觉得这家公司的业务神奇而神秘，在这神秘当中她找到了乐趣。

"有一个小孩儿闯进了董事长的办公室。"米利亚姆·卢宝悄悄地跟面试她的总经理史蒂夫·伍德说。因为她被告知未经允许，谁也不能进入有计算机的房间，可是她看见一个小孩儿大摇大摆地进了董事长的办公室。

"没事，他就是董事长。"史蒂夫·伍德不以为意地说。

米利亚姆·卢宝惊讶得半天没说出话来，她还没见过这么年轻的董事长，尽管她也没见过几个董事长，可是她觉得董事长至少都是中年人。"对不起，我能知道董事长多大了吗？"米利亚姆·卢宝小心翼翼地问史蒂夫·伍德。

"21岁。"史蒂夫伍德·耐心地回答，关于这类问题他回答得太多了。米利亚姆·卢宝被这间公司的奇特惊得呆住了。她没想到这里都是跟机器对话的年轻人，而且竟然都听命于一个最年轻的人。

很快，米利亚姆·卢宝喜欢上这个董事长了。她发现比尔·盖茨虽然像个孩子，可做起事来并不像孩子一样任性，而且他特别有耐心，对于卢宝这样一个外行提出的问题，他都能不厌其烦地用最简洁的语言回答她。让米利亚姆·卢宝折服的是比尔·盖茨身上那种杰出人物所具有的一切优秀品质。他不仅聪明绝顶，读书极快，法律知识丰富，电话号码从来都是随口道出，而且气度非凡，在与客户谈判时永远反映机敏，不卑不亢，像一个资深的谈判专家。米利亚姆·卢宝佩服这个永远不知疲倦的董事长，从周一到周日，比尔·盖茨经常是足不出户，办公室就是他的家，地板就是他的床，吃饭好像不是他生活的一部分，因为他经常会忘记吃饭。

如果你经常看到一批批西装革履的人，带着钦佩与尊敬同一个稚气未消、穿着套头衫、牛仔裤、运动鞋的人一本正经地谈判，你也会被这个既滑稽又神奇的场面征服。"如果你看见一个戴眼镜的金发男孩，16岁的样子，有些与众不同，那就是我们的董事长。"有人打电话询问，在机场如何一眼能认出谁是微软公司董事长的时候，米利亚姆·卢宝总是给出这样的回答。

米利亚姆·卢宝越来越喜欢与比尔·盖茨这些年轻人在一起，她虽然不懂计算机，可是他们没有让她觉得自己无知，而且他们信任她。她渐渐成了公司里的管家，公司的大小事务她都安排得井井有条。发工资、接订货单、采购、记账、打字、照顾这些就会工作不会生活的孩子们，尽量给他们创造一个舒适的环境。比尔·盖茨是一个很细心的老板，他告诉米利亚姆·卢宝去商店订货，让商店每周给微软公司送两次可口可乐，后来又免费给员工提供牛奶和果汁，米利亚姆·卢宝都照办不误。

米利亚姆·卢宝可能是最早一批办公自动化的秘书了，她在微软公司这些可爱的孩子那里学会了使用计算机，虽然只是在机器上用磁盘为用户拷贝公司的软件，可是她依然自豪极了，她觉得自己又年轻了起来。

1978年，比尔·盖茨决定把公司搬回自己的家乡——美丽的西雅图。大部分雇员都带着欣喜同这位与众不同的董事长迁往了新址，而米利亚姆·卢宝没有去，因为她的丈夫在阿尔伯克基，她不能离开家人，尽管她万分舍不得微软公司和公司里的孩子们。

"我知道你一定会回来。只要你回来，我这里永远有你的位置。"比尔·盖茨对恋恋不舍的米利亚姆·卢宝说。

1980年冬天，米利亚姆·卢宝果然千里迢迢从新墨西哥州来到华盛顿州，因为她不能在怀念中度过漫长的岁月。公司搬迁不久以后，她把她的家迁到了西雅图。比尔·盖茨兑现了当初的诺言，米利亚姆·卢宝做上了她最擅长的管家工作。

有一次，米利亚姆·卢宝看到比尔·盖茨穿得跟平常不一样，竟然穿了西装打了领带，如此反常让她很是诧异。不一会儿，她看见3个人拎着大包来到公司，他们穿着牛仔裤、网球鞋，她正打算前去阻拦，没想到他们竟是IBM公司的代表。

原来IBM公司的代表为了与比尔·盖茨合作得更愉快，竟然改变了他们一贯注重仪表的风格，穿上了运动便装，而比尔·盖茨也以同样的心理礼遇他们，这样的合作当然会比较顺利，当然这是IBM公司还没有与微软产生巨大隔阂的时候。

"只要你同比尔·盖茨密切合作过，你就不可能离开他。"米利亚姆·卢宝毫不掩饰对比尔·盖茨的崇拜，"他有一种让人感到受到鼓舞奋发向上的力量。"

第二节　比尔的用人之道

> 年轻人欠缺经验，但请不要忘记：年轻是你最大的本钱。不要怕犯错，也不要畏惧挑战，你应该坚持到底，在出人头地的过程中努力再努力。
>
> ——比尔·盖茨

对于企业，人才就是生命，唯有那些重视人才、尊重人才的地方才能长出一片茂密的丛林，形成郁郁葱葱、活力无限的壮美景观。

史上有一段著名的小故事，说的就是唐太宗李世民选贤臣的事。

唐太宗让大臣封德彝举荐有才能的人，可是过了许久封德彝都没有推荐出一个人。太宗责问封德彝，封德彝回答说："不是我不尽心，是当今没有杰出的人才啊！"唐太宗说："用人跟用器物一样，选择每一种东西的长处。古代能使国家发达的帝王，难道是向别的朝代借人才的吗？应该担心自己不能识别人才，怎么可以冤枉世人呢？"

可见唐太宗能清醒地看到问题所在，选贤才不是选完美的人，因为完美的人是不存在的，他只选择适合的人，所以大唐江山歌舞升平，达到了中国封建时期的最高峰。

管理企业也一样，当一个管理者深谙用人之道的时候，他就可以等着自己的企业以破竹之势向前发展了。

"在这里，软件工程师能得到最好的一切，"一位麻省理工学院应聘到微软公司的应届毕业生骄傲地说，"从第一天起就能拥有自己的办公室，这实在是太棒了！对新手如此礼遇，好像这世上再也找不出第二家啦！"这就是微软公司，对人才无比尊重的独一无二的微软公司。

1979年1月，微软公司在西雅图郊区国家银行大厦8楼租用了几间办公室，从此西雅图就多了一颗璀璨的企业明星。随着公司规模的不断扩大，微软公司开始招兵买马，西雅图有个得天独厚的条件，那里有很多名牌大学。微软公司与优秀的学生之间应了那句话，"近水楼台先得月，向阳花木易为春"，微软公司对那些优秀的大学生优先录取，而那些被录取的学生在微软打造的平台上可以更快更好地发挥自己的才能。"我们对学历和背景并不太看重，我们只想雇用那些热爱编写程序的人。"保罗·艾伦这样解释微软公司的聘用原则，"与对工作的热忱和编程的能力相比，资格是次要的。"

以比尔·盖茨为首的微软公司的管理人员们个个专业过硬，而且他们都保持了鲜明的个性，他们从没有被要求在个人好恶上做什么改变，他们仅仅被要求热爱工作，热爱生活。比尔·盖茨最不喜欢应声虫，他很尊重那些敢于说真话不怕冒犯他的人。比尔·盖茨常常故意表达一些错误的观点，用来考察他的员工是否敢说出真知灼见，不惜冒着得罪总裁的风险。

在比尔·盖茨身上，你是找不到一点点官僚做派的。他也从不把自己装扮成外貌威严不可一世的老板，有时候他更像一个快递员。一头蓬乱的短发好像从不梳理，鼻梁上架着一副高度近视镜，看人的时候永远带着笑意。虽然他也有发怒的时候，但是他从来都不会无缘无故地发怒，所以没有人会恨他。他曾对他的老同学、老朋友、老搭档史蒂夫·鲍默尔大发雷霆，可是他们依旧是关系最好的老同学、老朋友和老搭档。

因为比尔·盖茨本人就对科学、数学和计算机非常在行，他知道计算机人才也必须具备这三样能力，所以微软公司的人经常到大学去做调查，以便及时发现人才。现在受到微软公司垂青的大学都在世界上久负盛名，包括哈佛大学、耶鲁大

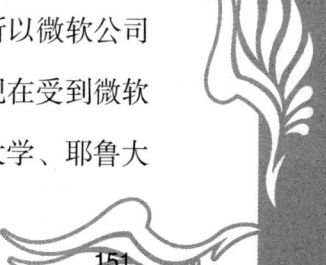

学、麻省理工大学、卡内基-梅隆大学等在内的美国的17所大学和加拿大的4所大学、日本的6所大学，如果你被微软公司看中，那么恭喜你，你离成功不远了！孩子们，向着世界上的一流大学进发吧，在那里，如果你足够出色，你随时都会遭遇惊喜！

"千万不要错过那些好小子！"微软公司人才招募部的负责人史蒂夫·鲍默尔说，"一旦发现必须留住，否则就会与他们失之交臂。"史蒂夫·鲍默尔所指的"好小子"除了智商高，还有其他的要求，比如他们能勤奋工作，有高度的责任心，当然还有说真话的勇气。敢于直截了当说出自己的想法而不是含蓄委婉委曲求全，这正是微软公司所需要的，因为真话就是捷径，节约时间，也便于有效解决问题。

微软公司选拔人才的这几样条件也是微软的初创者们都具备的，据说比尔·盖茨、保罗·艾伦、史蒂夫·鲍默尔的智商都超过了120。我们通常说的智商IQ就是英语Intelligence Quotient的简称，即智力商数，具体是指人的数字、空间、逻辑、词汇和记忆等能力。自从法国的比奈和他的学生发明了智力商数测试法以后，人们总是按照这个测试结果来评价一个人的聪明程度。据测试统计，一般人的平均智商为100，正常人的智商大多在85到115之间，据说爱因斯坦的智商高达146。不过不要觉得你的机会很容易得到，这需要你做好充分的准备。微软公司若是对某个学生有意，就会向他提出一些灵活多变、富有开放色彩的问题。他们考核得很仔细，不仅根据答案正确与否来判定学生的学识，还会从学生回答问题的声调来判断这个学生的性格，是拘谨的还是自信的，是有气无力的还是精力充沛的，是自卑的还是自负的。

如果你很幸运过了第一关，那么你就有机会遇到微软公司最著名的主考官史蒂夫·鲍默尔了，相信这场面试会给你留下终生难忘的印象。鲍默尔就是他自己口中的"好小子"。他充满智慧，又博学多才，经历了实战演习以后就更有经验了，他做主考官经常把那些孩子们吓得透不过气来，只有具备真才实学意志又坚定无比的人才能正视面前这个深沉的考官，拿到宝贵的进入微软公司的通行证。

微软公司就这样把人才源源不断地网罗到麾下，这些人也没有辜负公司的期待，他们的业务似细胞分裂一般范围不断扩大，微软的队伍也像滚雪球一般越来越大。1983年的时候，微软公司的雇员已经达到450人，其中单是程序员就有100名。这100名程序员是微软公司的宝贝，他们是比尔·盖茨和史蒂夫·鲍默尔亲自挑选的，比尔·盖茨是真心诚意地看中这些年轻人，他知道他们是企业发展的动力，是创造革新的源泉。

比尔·盖茨或许是最能与员工打成一片的总裁了。他的办公室与程序员们的在一起，程序员们往往直接叫他的名字"比尔"，而不是别的什么头衔。他每周也会工作60到80个小时，他经常在深夜公司的大厅与员工展开热烈的讨论。然而没

有人认为他们的董事长是个吸血鬼，微软的程序员们以有这样与他们并肩作战的董事长而感到骄傲。他们不由自主地想把自己的全部都献给公司，就像中国古代常说的那句"士为知己者死"，微软的"好小子"们把彻夜不眠当成了一种快乐。在阿尔伯克基就形成的疯狂工作的作风，到了西雅图也没有改变。

"比尔，能不能借点钱用用？"有的程序员在大厅里朝比尔·盖茨借钱。比尔·盖茨一定会毫不含糊地答应下来。这一幕要是发生在别的公司里面，那么不是员工疯了，就是老板疯了，或者是看到的人疯了，可是在微软公司，这一切就正常了。如果你有这样的老板，难道你不会有一种不顾一切只为他效忠的冲动吗？

比尔·盖茨对程序员们也像家人一样，他熟悉他们关心他们。他知道每个程序员的生日、电话号码和车牌号码，他也体恤他们熬夜的辛苦。有时候为了让走火入魔停不下来的程序员们休息一下，微软公司的绝招就是锁上办公室的门，强制大家休息。"在这里你会不由自主地刻苦努力，因为所有人都如此，连公司的老板都这样！"一个程序员这样说。

微软公司的员工工资并不高，但是就像当初比尔·盖茨想给西胜彦股票一样，微软实行公司股票分配方案，因此，微软的程序员们的努力是有高额回报的。他们都是公司股票分配体系中的一员，只要公司的股票上市，他们轻而易举地就能成为百万富翁，事实上微软也是世界上百万富翁最多的公司。

微软公司创造了奇迹，比尔·盖茨以卓尔不群的领导能力率领着一群被称为"小比尔·盖茨"的人走在计算机软件开发的大路上，他们意气风发，活得真实而快意。

第三节　别人开门，你要开窗

> 如果你陷入困境，那不是你父母的错，所以不要尖声抱怨我们的错误，要从中吸取教训。
>
> ——比尔·盖茨

同行是冤家，可是没有一个行业可以被垄断，所以在竞争中大家就要花样翻新，而要想打败对手，就要见招拆招，别人打开一扇门的时候，你就得开启一扇窗。当然，你要有开窗的勇气和本事。

伟大的理想会激励人们克服困难走向成功，伟大的目标同样能使一个企业跨越障碍走向成功。而且为了实现共同的目标，一个集体更能被激发无限的激情，更会拥有无穷的智慧。关键是一个企业是否树立了宏伟的目标，是否能具有一种集体主义精神。

"15年以后，华盛顿州的每一个人都会成为微软的用户。"查尔斯·西蒙伊慷慨激昂地说。那是1981年12月13日，在微软公司一年一度的总结动员大会上，西蒙伊用图表的形式为大家做了一个回顾过去、展望未来的演讲。参加会议的是微软公司的100多名雇员，当时他们的年龄都是20岁左右，他们在西雅图雷蒙德假日酒店的大厅里狂欢。窗外风雨交加雷鸣电闪，窗内热闹非凡，伴随着西蒙伊演讲的是一阵阵雷鸣般的掌声。

比尔·盖茨很早就确立了年底员工交流制度，每年举办一次全公司的大型年会。这是展示成果总结经验的一个大会，也是激励人奋斗的一个大会，从总裁到高级经理都会发表感情真挚又富有激情的演说，为新的一年增添斗志。

西蒙伊的豪言壮语并不是异想天开，他根据这几年微软的业绩和计算机行业的发展规模作出了自己的判断。微软公司成立以来，每年的收益都是上一年的两番，这种情况从1975年公司成立就开始了，到1981年的时候公司年收入已增至1600万美元。"只要我们能以现有的速度不断开发新软件，那么在越来越繁荣的软件市场上我们终将成为最好的一个！"西蒙伊对微软公司的未来充满了信心，他的听众也一样。

比尔·盖茨把西蒙伊视为心腹，把他称为"微软的创收火山"，他这次演讲也被称为"微软的创收演讲"，因为西蒙伊的确激发了微软员工们的斗志，他们用行动向着西蒙伊图表

上的制高点发起冲击。也正是这个会议以后，微软公司推出了"多计划"软件，震动了整个软件界。虽然"多计划"在美国本土叫好不叫座，但是在欧洲市场却大获全胜。

进入1982年，微软公司全面进入爆发期，西蒙伊提出的"菜单"概念变成现实，解决了多指令操作的困难。"假如我到一家法国餐厅吃饭，可是我不会说法语，四周的环境我不熟悉，没有熟人，我害怕出丑，紧张得要命，可是偏偏美丽的女侍者走来，用法语来问我需要什么，你们说多可怕？"西蒙伊用形象的例子为大家解释他的设计意图，"可是，如果我手中有一份菜单就不同了，我可以看着菜单点菜，哪怕那并不是我想要的，那也不会使我更尴尬。"

原来，当时的计算机软件使用时非常麻烦，必须先输入很多指令，而且一个字母错了都打不开软件，没经过专业训练就操作计算机简直是不可能的。但是如果能把这些指令编成菜单，使用者只要用鼠标点一下就能选出他所需要的那一条，情况就不同了，原来不友好的界面有了"友好的菜单"，就不会让使用者心烦意乱了。

西蒙伊可以说为计算机使用者提供了最贴心的服务，你在某个指令下拉菜单中做选择的时候，请别忘了对微软的西蒙伊先生说声"谢谢"。

比尔·盖茨对西蒙伊的器重是毋庸讳言的，自从西蒙伊发表了振奋人心的"微软创收演讲"之后，公司在软件开发方面

第六章 用实力说话

的投资就更多了。毕竟这是一个竞争激烈的行业，被超越就在顷刻之间。

在众多对手中，莲花公司是一个难对付的角色。莲花公司也是软件行业中的一匹黑马，它创办的时间是1982年，比微软还要晚上好几年。公司的创始人时年32岁，名叫米奇·卡泼，是个传奇人物。在没进入软件领域以前，他痴迷于摇滚乐，做过音乐节目主持人，对东方的静坐功也曾有过研究，公司的名字"莲花"就和这种研究有密切的关系。1979年，米奇·卡泼编写了两个软件，以170万美元卖出，他觉得编写软件也是一件不错的事情。1982年米奇·卡泼成立了莲花公司，他与乔纳森·赛克斯合作编写了一款Lotus1-2-3的软件，之所以命名为"Lotus1-2-3"，是因为这款软件集合了表计算、图标生成、数据库管理三种功能。风险投资家班·罗森为这款软件做了一场全国范围的宣传，单是宣传费就花了300万美元。1982年11月，拉斯维加斯举办了一场计算机展览会，查尔斯·西蒙伊在会上见到了这款Lotus1-2-3，当时就觉得微软公司遇到麻烦了。

果然，Lotus1-2-3一出现就惊艳四座，展出没几天，莲花公司的订单就超过了100万美元。1983年1月，Lotus1-2-3已经独霸一方，把微软公司一度被评为全美最佳的软件——"多计划"软件无情地挤出了美国市场。

比尔·盖茨召集亲信，召开了一系列秘密会议，确立了一个新的项目，以摧毁Lotus1-2-3软件为目的。真是一个高难度的挑战，因为自Lotus1-2-3投入市场以后，这套软件已经成为市场标准，莲花公司仅靠销售它就超过了微软公司的总收入。1986年6月的财政年度统计中，莲花公司的销售额为2亿美元，微软公司只有1.4亿美元，莲花公司在软件界一家独大。在比尔·盖茨的眼里，米奇·卡泼的威胁已经超过了苹果的乔布斯。微软公司第一次败得这样惨，比尔·盖茨想不到自己公司辛辛苦苦设计的软件一夜之间惨遭淘汰，他一方面在海外开拓市场，另一方面想着如何卷土重来，把所有的敌手打得落花流水。

功能多且操作简便的软件是一个趋势，而且要超过Lotus1-2-3也必须从这方面寻找突破口，微软公司的理念是用直观的图形界面为操作的基础。"我觉得'微软桌面'技术性太强，应该用一个让客户感觉亲切、友好和方便的词，我建议使用'Windows'。"在讨论这款软件的名字时，汉森提出了自己的建议。

好建议当然要被采纳，"Window"在英语中是窗户的意思，而微软的设计正是让用户的各个界面都像一扇扇打开的窗户一样。著名的"视窗软件"也就是我们常说的Windows就这样进入到了孕育期，它出生时名字前多了自己的姓，它叫"微软视窗"，英语为Microsoft Windows。

微软视窗没有辜负比尔·盖茨的期望，当它千呼万唤始出来的时候,微软公司的前面就再也看不见对手了,而在后面的也难以望微软之项背。微软公司打了一个漂亮的翻身仗,微软家族的成员们从此扬眉吐气了。

当"多计划"软件被Lotus1-2-3扫地出门的时候,微软想到了"视窗"开发,条条大路通罗马,关键是要看你能不能开辟那条新路。

当门被关上的时候,要记得去开一扇窗。

第四节 难产的"泡沫软件"

> 公平不是总存在的,在生活学习的各个方面总有一些不能如意的地方。但只要适应它,并坚持到底,总能收到意想不到的成效。
>
> ——比尔·盖茨

小孩子都玩吹泡泡的游戏,有的自己搅拌肥皂水,用一个小吸管蘸一下,轻轻吹口气,五颜六色的泡泡就被吹出来了。现在世界上肥皂泡爱好者很多,还有专门的肥皂泡节,让这些爱好者恣意狂欢。因为肥皂泡美丽而易碎的特点,人们会把那些说得好听难以实现的事情比喻成肥皂泡，有讽刺的意思，也有遗憾的意味。微软公司的"视窗计划"就曾经给很多人"肥皂泡"的感觉，比尔·盖茨为此承担了很大的压力。

"你想当比尔·盖茨那样的亿万富翁，只需吹一个又一个像气球那样大的泡泡就行。""微软公司在上演一出肥皂剧，充满悬念，总也演不完。"这些话就是"微软视窗"出生前比尔·盖茨与微软公司得到的公众评价。也许你会感到奇怪，为什么会发生这种事情，只能慨叹一句"人在江湖，身不由己"啊！

软件行业也是一个开放的领域，不仅微软公司看到了软件的未来趋势，其他公司的人也同样看得很清楚。就在"微软视窗"研发的时期，有很多公司都相继推出了多功能软件，大有冲击第一的势头。

1983年1月，比尔·盖茨向新闻界暗示微软公司正在开发视窗软件，但是到11月的时候他在纽约开了一个盛大的新闻发布会，宣布"微软视窗"将在年底推出，而且断言一年以后90%以上使用MS-DOS的计算机都能使用视窗软件。也就是说，微软视窗本身不包含任何程序，它只是创造一个让用户更舒服的计算机环境。此言一出，一片哗然。

其实，在新闻发布会那一刻比尔·盖茨心里也没底，他只是虚张声势，因为在过去的10个月里，太多的新软件冲进市场了，微软如果再不发出一些声音就要被人遗忘了。为了让公众

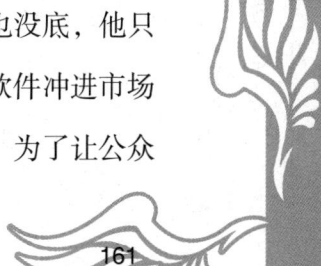

想起微软，也给自己再施加一些压力，一向以行事稳健著称的比尔·盖茨竟然铤而走险，把一件根本不可能实现的事情当作事实说了出来。

"我们出售的是承诺！"这是微软公司的宣言，如果到时候微软公司交了白卷，那么他们失去的就不仅是金钱，还有名誉，可是比尔·盖茨顾不了那么多了。在人们的期待中，微软公司在1983年底发布了一个消息：视窗软件推迟到次年的第一季度推出！这种失信于人的事情真是不体面，比尔·盖茨觉得非常难堪，可是"视窗"的确是块硬骨头，即便微软高手如云，也进展缓慢。1984年2月，让全体微软公司的员工脸红的事情发生了。

微软第二次承诺的时间到了。来自全国各地的计算机公司的代表和媒体人士齐聚西雅图，参加微软公司举办的图形用户界面技术研讨会，想一睹"微软视窗"的风采，可是他们乘兴而来，败兴而归。微软公司不仅没拿出什么像样的资料，而且还宣布"视窗"软件将推迟到5月份才能与公众见面。

不知道时间怎么过得那么快，5月份来了。人们等来了微软的销售经理，可是他们两手空空。"请诸位再等一等，最迟8月份吧，我们一定给你们的机器装上视窗软件。"销售经理们满脸通红地说。一再的言而无信使原本市场口碑极好的微软公司成了大家的笑柄。果不其然，8月份到了，人们等来了微软的笑话，微软真的"软绵绵"了。不过病树前头万木春，总有峰回路转的时候。

当时有一家公司叫可视公司，投资了上千万元改进他的Vision软件，希望取代微软视窗，但是花了3年的时间也没能成功，更不幸的是可视公司竟以破产告终，可见软件开发是一个有极大风险的事业。与此同时，IBM公司与数字研究公司都推出了相应的新品，他们也希望在微软崛起之前把这个可畏的"后生"压下去，可惜的是他们的实力不足，都没能成功。于是，人们又对微软重新燃起了希望。8月份，微软公司给新闻媒体的回答是：无可奉告。

于是，传媒给"微软视窗"起了一个难听的名字"泡沫软件"，所以比尔·盖茨和微软公司就成了"肥皂泡"的代名词。比尔·盖茨知道自己理亏，再说他也不能把精力放在别人怎么议论他上面，他要做的是真正解决问题。微软公司在人事上面做了重要调整，比尔·盖茨把总裁的位置让给了刚聘任不久的琼·谢利，他觉得自己不太擅长管理，只要对公司发展有利，他宁愿到幕后当个董事长。比尔·盖茨再一次做对了。

琼·谢利上台以后，他发现比尔·盖茨是一个好老板，员工也很尽心尽力，可是在管理上还是太混乱，导致软件开发进度迟缓。琼·谢利快刀斩乱麻，他安排比尔·盖茨集中精力在最抽象的层面上考虑软件的总体构架和发展方向，把视窗研发人员分成了几个部门，交给几个老资格的人分别负责，各司其职。年轻的设计高手尼尔·孔森被调进视窗研发小组，负责图形界面的设计工作。琼·谢利的一番改革过后,日历上的8月早已过去,可是微软仍觉得10月份推出软件是有可能的,他们再度失望了。这回他们宣布视窗问世的时间是1985年6月份,这与第一次新闻发布会上所说的时间相差了两年半。

这一次新闻界又有了可写的内容。有人说微软公司犯了战略性的错误,尽管这是第一次,但也是致命的。

"也许这个'视窗'根本就没有用。""也许这个软件根本就不存在。""这是一个'泡沫软件'。"《信息杂志》给"微软视窗"新命了个名。比尔·盖茨已经练就了一身硬功夫,他对此视而不见,因为他深知,改变自己形象的事情只能自己来完成。"微软视窗"成了一个难产的孩子,它决定着微软的命运,微软公司视其为头等大事,投入的人力物力更加多了。设计人员和调试人员的数量已经增至30人,程序员们几近疯狂。

"我们全力以赴,开足马力,不分昼夜地工作。"孔森回忆当时的情景时说,"我们不惜一切,只为了完成这个任务。"一个负责测试工作的程序员把睡袋搬进了实验室,整整一个月足不出户,只为了第一时间完成测试工作,因此得到了一个"疯子"的光荣称号。

比尔·盖茨的风度也变成了"疯"度。"鲍默尔,鲍默尔在哪儿?"当比尔·盖茨审核已经编写完的软件时,他竟看到了一个错误。当时是个早晨,鲍默尔正端着盘子吃早饭。"你还能吃下去饭？"比尔·盖茨拍着桌子，"怎么会有差错？我得警告你，年底之前交不出货来，你们就统统滚蛋！"鲍默尔从没见过比尔·盖茨发这么大的火，他慌忙把早餐放一边，叫醒刚刚睡下的程序员："必须万无一失，再出一点差错，我们都会被比尔炒鱿鱼！"

冲刺的阶段太紧张了，为了缓解巨大的压力，微软的程序员们的行为都几近疯狂。他们时而用砂糖和硝石制造小型炸弹和火箭向窗外投掷，时而制造重磅炸弹把办公楼里的厨房弄得烟雾弥漫，时而在宁静的屋里高声演奏爵士乐，有时候警察都会被他们招来。"真像回到了大学时代！"虽然紧张疲惫，但孔森仍旧非常高兴。为了修一条路要凿穿几座山，等到路修好的时候人们会发现一切付出都是值得的。

1985年5月，在春季计算机展销会上，比尔·盖茨揭开了"微软视窗"的神秘面纱，成千上万的用户看到了用鼠标和键盘打开和关闭"窗口"的神奇效果，现场热闹极了，微软公司真正兑现了开发一款最实用的软件的承诺，尽管时间拖得久了点。

"这款视窗1.0标价为95美元。"比尔·盖茨说。经过用户和新闻界的测试和评估，1985年11月，"微软视窗"正式上市，微软的时代来临了！"微软视窗"让屏幕内容简洁有序，好像一个神奇的档案馆，各种文件都被安放得整整齐齐。而且它还模仿"苹果"计算机，带有书写器和画笔程序，有日历、计算器、名片管理等常用小工具，功能近乎"完美无缺"，微软公司从此成了行业的新标准。

1985年11月21日，微软公司举行了一个盛大的庆功会，庆祝"微软视窗"这个历史性的软件开发获得成功，许多曾经挖苦过微软公司和比尔·盖茨的媒体人也在受邀之列。会场气氛热烈，每个人脸上都洋溢着喜悦的笑容。比尔·盖茨快乐地接受了《信息世界》杂志记者向他颁发的"金泡沫软件奖"。史蒂夫·鲍默尔幽默地向大家介绍了"微软视窗"诞生过程中的苦与乐，包括他被破天荒的大骂。

每个与会者都免费得到了微软花费3年多的时间开发的一套软件——"微软视窗1.0"，这一次他们乘兴而来，兴尽而去。而视窗软件从此一发不可收拾，它的升级版不断，把整个世界都变成了微软视窗。

植物世界有很多奇妙的现象，有的开花不结果，有的不开花也结果，有的开出花来却没有果实。这种只开花却不结果的花有个很好听的名字，叫"谎花"。"谎花"就是植株的雄性花，比如南瓜、丝瓜、黄瓜等经常会有"谎花"，也许花开得很多，花落了以后什么都没有。在外行人眼里，"谎花"的真面目直到花落才能被识破。后来微软公司统计开发"微软视窗"的时间，他们共花费了11万个工时，这么长的时间过去后，还好，我们发现，原来"微软视窗"不是"谎花"。

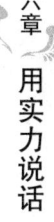

第五节　在悬崖上走钢丝

> 把我们顶尖的20个人才挖走，那么我告诉你，微软会变成一家无足轻重的公司。
>
> ——比尔·盖茨

走钢丝是一项很危险的杂技，总是让观众提心吊胆，连呼吸都会屏住，害怕因为一个细小的动作惊到了走钢丝的人。而在悬崖上走钢丝，就更需要万般小心，稍有不慎，就会掉入万丈深渊。走钢丝的人都是在用生命来冒险，所以他们看似淡然，其实内心波涛汹涌，他们也绝不是一般的勇士。

比尔·盖茨有一个女朋友叫温布兰妮，她说比尔·盖茨本人的性格与报刊上介绍的大相径庭。"他完全就是一个冒险家，一个超级领导人。"温布兰妮说，"他好像经常在悬崖上走钢丝，跟他在一起，我总能学到很多东西。"有一次，比尔·盖茨带着温布兰妮去墨西哥旅行。他们到达旅馆后，比尔·盖茨竟把汽车转租给了两个素昧平生的嬉皮士，租金是一下午10美元，并且一分钱押金也没有收。"你会上当的。"温布兰妮说。比尔·盖茨笑着表示不会的。4个小时后，汽车果然被那两个嬉皮士开回来了，只是汽车损毁的程度相当严重，只差没有散架了。这就是比尔·盖茨，他有时做事严密得滴水不漏，有时又极其随意，不按常理出牌。

其实比尔·盖茨是一个相当稳健的人，除了"微软视窗"研发时过早地开了新闻发布会，在没有把握的时候他都会保持沉默。但在大多数时候，他比一个律师更像律师，沉着、机敏，甚至近乎冷酷，也正因为他的这种性格，他才能带着微软一路过关斩将，成为行业翘楚。

微软公司最重要的策略是与他人共进退，让对方对微软有依赖感，这样一荣俱荣一损俱损，就会避免很多缠人的官司，而且微软财大气粗，损失大小都岿然不动，而状告微软的人可能就没那么有底气了。即使不怕损失，微软公司也不愿意打官司，他们输不起时间。一般情况下他们会把一场官司扼杀在萌芽中，让那些等着看热闹的人悻悻而返。

商场很残酷，只有一块蛋糕，微软公司吃得越多，别人能分到的就越少，所以也会有"蚍蜉撼大树"的事情发生。有一个年销售额只有600万美元的小公司Z-Nix，以生产鼠标为主，把微软公司告到了洛杉矶地方法院，说微软有恶意排挤他们公司的行为。原来微软协议上将视窗3.0版的价格从27.50美元擅自提到了54美元，这样Z-Nix公司就会从鼠标器市场消失，为了生存，Z-Nix公司不得不状告高山一样横亘在眼前的微软公司。

微软公司征战计算机行业多年自然树敌不少，只是这些公司有很多原因不能跟微软打官司，可是他们挺乐于看到微软成为被告。而且这一次微软公司理亏，败诉的可能太大了，即便告不倒，也能杀杀微软的威风。

没想到报界沸沸扬扬地开始，却冷冷清清结了尾。原来微软公司看到报上的消息后立刻采取行动，他们派专使飞往Z-Nix公司的总部，一番磋商之后，这场官司就没下文了。微软公司处理得漂亮，好多时候他们都能大事化小，小事化了，让那些看热闹的人大失所望。当然，解决不了的时候，微软公司也绝不会做缩头乌龟，他们一定会奉陪到底。

"这是一个关于计算机的案子，其实也是件关于一只狗的案子。"律师在法庭上带了一只狗放在被告比尔·盖茨面前的桌子上。不知道你还记不记得罗德·布洛克这个人，他就是西雅图计算机公司的老板，当年把SCP-DOS软件10万美元卖给微软公司的那个人。微软借助这个软件满足了IBM公司的要求，迅速发家。现在，看着微软如骄阳一般光芒万丈，罗德·布洛克提出了指控，要求微软公司赔付6000万美元的专利费，他聘请了以能言善辩著称的律师凯利·科律。

凯利·科律知道这是一场难打的官司，他不仅细致研究了案情，同时想尽办法为自己的雇主争得胜算，包括别出心裁地让一只狗走上法庭。"这只狗叫斯帕德，是西雅图计算机公司老板是罗德·布洛克的。有一天，比尔·盖茨先生找到罗德老板，对他说：'我对狗很有研究，我能让他成为世界冠军，把它交给我吧。我可以把奖金分给你一点。'"凯利·科律绘声绘色地说。"这只狗被比尔·盖茨带走了，果然为他赚了很多钱，可是别忘了，这条狗的主人是罗德·布洛克先生。"凯利·科律点明题旨。法庭上的人都明白了凯利·科律的意思，他们对被告双方的关系一下就清楚了。

比尔·盖茨坐在被告席上，身体习惯性摇动着，他很有兴致地看着凯利·科律，他觉得对方找了一位好律师，但是他并不害怕。微软公司把当年的协议拿了出来，指出微软对西雅图计算机公司是仁至义尽的。因为微软公司给了西雅图计算机公司特权，允许他们在出售软件时随机搭配这个DOS操作系统，并且可以使用这个操作系统的升级版，而且不必付费。这是一个很大的优惠，因为微软这个系统已经成为行业标准，只要把它捆绑在原装机上销售，就可以赚上几百万美元。罗德·布洛克并不满足这种优惠，他想把自己的特权卖出去，它最少值2000万美元。

微软公司郑重其事地向罗德·布洛克说明了微软的态度：西雅图计算机公司可以出售软件的拷贝，但是绝对不可以转让特权，否则微软公司将诉诸法律。

罗德·布洛克知道自己不能出卖特权，只能向微软公司索赔，然而比尔·盖茨是绝对不能同意的，因为他觉得双方的交易已经很公平了。在审理的过程中，双方的律师举行过多次谈判，可是比尔·盖茨始终坚持自己的意见，他要花最少的价钱买回自己的许可权，绝不让步。

凯利·科律见识到了比尔·盖茨的镇定，他的表演在比尔·盖茨那里不起作用，最终比尔·盖茨虽然付给了罗德·布洛克一笔钱，但是在实质上并没有输。案子一结束，凯利·科律就去证券市场买了一大笔微软公司的股票，这场西雅图计算机公司状告微软公司的官司中，最大的赢家就是这位律师了。

在很多人眼里，微软公司能走到行业制高点是因为他们不近人情，其实一将功成万骨枯，这是必然规律，不能说成功者都罪大恶极。其实比尔·盖茨是一个非常重情重义的人，他对西胜彦、基尔代尔教授都很真诚，包括他对DOS系统的原创者蒂姆·帕特森也是宽厚有加的。

因为蒂姆·帕特森先生研发了QDOS系统，比尔·盖茨对他特别敬重，认为他是DOS之父。当时蒂姆·帕特森是西雅图计算机公司的一名程序员，所以老板罗德·布洛克才有机会从比尔·盖茨那里赚上一笔。后来比尔·盖茨买下了QDOS的使用权和专利权，但他同样给了蒂姆·帕特森无偿使用的特权。

后来蒂姆·帕特森自己开办了一家公司，名为德尔康技术开发公司。可是因为经营不善被迫转卖，一家外国公司的经纪人见到机会难得，就约见蒂姆·帕特森，想买到他手中的特权。比尔·盖茨大为光火，他花了100万美元从蒂姆·帕特森手里买回特许经营权，并把蒂姆·帕特森留在了微软公司。人心不足蛇吞象，从微软公司善意地赠予特许权却招致麻烦上看，商场的规则重在契约，而不在人情。所以在维护自身的商业权益上，微软公司寸土必争也就无可厚非了。

与微软公司发生摩擦的公司不少，可是从微软那里讨到便宜的真不多。在悬崖上走钢丝，来不得半点马虎。

第六节　不住平常屋，不走寻常路

善待你所厌恶的人，说不定哪一天你就会为这样的一个人工作。

——比尔·盖茨

"山不在高，有仙则名。水不在深，有龙则灵。斯是陋室，惟吾德馨。"一个人的住所不在于大小而在于品味，有的张扬，显示出屋主的高贵地位；有的清幽，表现出屋主的雅趣。人们对富豪的居所往往都很好奇——和珅的一座府邸，极尽了富可敌国的权贵和奢靡，一个大臣的宅院可做亲王府，可以想象内里陈设的豪华与舒适。日新月异的今天，世界首富比尔·盖茨的住所就给很多人带来了悬念，那是什么样子的呢？

比尔·盖茨有两个"家"，一个是妈妈玛丽·盖茨送给儿子的，一个是在他自己购置的土地上建造的，两个家都体现了比尔·盖茨的生活追求——实用、简约。

1983年，玛丽·盖茨看到比尔·盖茨依旧在租来的公寓里蜗居，就花了近百万美元为儿子买了一幢房子。那里景色宜人，位于华盛顿湖滨，有一个小型的游泳池，远眺可见华盛顿大学和更远一点的雷尼尔火山。比尔·盖茨非常喜欢妈妈的礼物，他在这幢房子里住了5年。

这个地点豪宅很多，比尔·盖茨的住所不太显眼，可是如果你走进去，你就会发现那里太与众不同了，你会一下记住这里的主人是谁。室内的设施是按比尔·盖茨的设想布置的，整幢房子内居然没有一台电视机，基本生活用品也极少，显得有些空旷。在屋子的中间摆放着一台计算机，工作台的上方是一张巨大的世界地图，这小小的方桌就是比尔·盖茨的整个世界，他坐在那里看到地图就想着，世界上还有他未能到达的地方。于是他更加努力，终于在推出"微软视窗"以后做到了雄霸世界。在母亲赠予的家里，比尔·盖茨实现了梦想。

1988年，比尔·盖茨花400万美元为自己买了一块土地，有30英亩土地和400多英尺的湖岸，同样有山有水，一派旖旎风光。这次比尔·盖茨把家安在了小山上，地理位置比较高，但是你绝对看不出一点招摇和张扬，他所建的房屋绝大部分低于山脊，从湖面上看去，房子和邻居们位于山下的房子不相上下，高处山脊的几座房屋也没有超过邻近的两家商店的最高

第六章 用实力说话

点。高度在心里而不是在表面，即便在高处，生活中和事业上，比尔·盖茨都不会飞扬跋扈，他所拥有的是一种低调的奢华。

计算机依旧是绝对的核心，比尔·盖茨的家不仅是生活的居留之处，也是一个计算机技术讨论中心。在这里不仅有足够的居室、一间可藏书1.4万册的小型家庭图书馆、一个60英尺长的游泳池、游艺室，还有许多办公室，甚至还建有一个可以容纳百人的会议室，一间能容纳20人的小型电影厅，一个可停放20多辆汽车的地下车库，这分明就是一个微缩的微软公司。

在比尔·盖茨的新家里，与前一个住所不同的是客厅里安装了电视机，而且相当大。这次客厅的墙壁上安置了分辨率极高的电视屏幕，它不仅是电视机，它的功能远远多于电视机，它能连接计算机的数据库，要知道当时是1988年，那时候还没有多媒体呢，可见比尔·盖茨对电脑与电视之间的关系早有安排。在大屏幕上可以看图像、美术作品及摄影作品，停止播放的时候，屏幕上出现的就是雄奇壮丽的珠穆朗玛峰，从中可见主人的胸怀与志向。整个系统把音响、彩电和计算机整合到一起后只需一个遥控器来控制，使用方便，体现了智能的魅力。

"我的房子从设计和建筑上都要领先于时代，我希望我的房子与周围环境、住在里面的人达到和谐的境界，舒适是我对它的第一要求，因为它将是我和家人的住所。"这就是比尔·盖茨对自己住房的要求和定位，他以人为本，以科技为依托。所以，比尔·盖茨的房子不是最豪华最壮观的，但是它在功能、用途方面一定是世界领先的。

比尔·盖茨的房子有一般建筑的通用材料，比如木材、水泥、玻璃、石头等，也有一些计算机软件之王所独有的材料，比如硅片和软件密布在房子的各个地方，这里也是一个信息高速公路的指挥所或集散地，而一切材料都要为房子的主人服务。

"我的房子要有手工艺品，不要任何浮华的饰物；要能容纳不断变化的尖端技术，但是风格要平易近人。"比尔·盖茨说，"房子的主人永远是人。"这就是世界第一富翁的房子。在自己建设的家里，比尔·盖茨超越了梦想，他改变了世界，却不想改变自己。

比尔·盖茨酷爱读书，小时候如此，长大后亦如此。现在，比尔·盖茨不用在父亲的书房里满足自己的读书欲望了，他自己那庞大的藏书室里有他最喜欢的书籍和杂志。他对书的选择依旧是个人化的，不会随波逐流。

"《纽约》是什么东西？"当一名《纽约》杂志的记者来采访比尔·盖茨的时候，比尔·盖茨有些困惑地问。《纽约》是美国传媒大亨克雷·费尔克于1968年创办的一本城市杂志，多年来在杂志领域享有盛誉，可是比尔·盖茨却不知道它的存在，该如何评价比尔·盖茨呢？计算机技术是最先进的技术，在时代的最前沿，而对现实生活中的窗口《纽约》杂志他却不知其

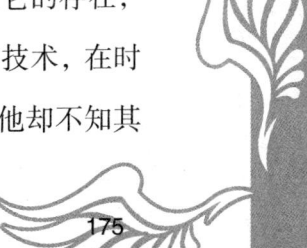

为何物。"人生苦短，实在没有时间去注意那些鸡毛蒜皮的事情。"一位美国人说过这样的话，或许能为比尔·盖茨做出解释。

比尔·盖茨看书的速度飞快。一顿简单的午餐他会有惊人的收获，他可以在那段时间里读完科学界的权威杂志，结合自己的知识形成新的观点，《美国社会科学》《经济学家》这样的专业杂志是比尔·盖茨最好的佐餐，虽然对于一般人而言它们太难以理解了。新版的大科学家、企业家、政治家的传记是比尔·盖茨的大餐，他对其他公司的成功经验尤为重视，他特别喜欢《我在通用公司的岁月》这本书，因为通用汽车公司改变了世界汽车的整体格局。

他的生活作风也没有变化，他的衣服从来都是舒适的运动装，偶尔也会穿上一套齐整的西服，可是时间绝不会太长。

比尔·盖茨是一个不能离开自然的人，当年微软公司从新墨西哥州的阿尔伯克基搬回西雅图的原因之一，就是"谁愿意住在一个不毛之地而放弃有山有水的好地方"。

微软股票成功上市以后，比尔·盖茨买了一艘快艇，驾着快艇在碧波万顷的华盛顿湖上飞驰，真是再惬意不过的事了。如果说比尔·盖茨在新居旁建一个船坞算是奢侈的话，那他的确达到了奢侈的程度。当然，他有这个能力奢侈。

比尔·盖茨保持着自己的本性，他走了一条不寻常的路，住在不寻常的屋子里，做着不寻常的事。

结　语

一个人活着，做到真实、质朴又有建树，是一种幸福。

"我认为讲究派头并不好。"在接受《花花公子》杂志记者的专访时，比尔·盖茨说，"如果一个人习惯于享受生活，他就再也不能像普通人那样生活了。"

做一个普通人是比尔·盖茨的理想。

有一次，比尔·盖茨同老朋友到谢拉顿饭店开会。他们去晚了，普通车位已经没有了。

"停在贵宾车位吧。"朋友建议比尔·盖茨。

"那要花12美元呢，太贵了！"比尔·盖茨一本正经地说。

"由我付钱好了。"朋友说。

"这样做不好，他们是超值收费。"比尔·盖茨坚持己见。

或许你认为比尔·盖茨是个吝啬鬼，其实不是这样的，他不是一个像葛朗台那样把钱看得比生命都重要的守财奴，他只是一个讲究公平原则的人，商品与价格不符的事情他不愿去纵容。

比尔·盖茨可以说是世界上最大的慈善家，成为巨富以后，他捐钱的力度并不比他赚钱的力度差，虽然他赚钱的速度总是高于他捐钱的速度。

比尔·盖茨不仅为母校湖滨中学慷慨解囊，还为他父母的母校华盛顿州立大学捐赠1200万美元。为那些需要帮助的医疗机构、教育机构捐款更是比尔·盖茨乐此不疲的事情。

1986年，微软公司的财富还不算太多，但是两位负责人却向他们共同的母校——西雅图湖滨中学捐助了220万美元，用来修建一座科学和数学中心。比尔·盖茨和保罗·艾伦用抛硬币的方式决定了中心的名字，最后这个中心落成的时候，名字为"艾伦-盖茨大厦"。

2008年6月27日，比尔·盖茨正式退休，身体康健的他已经写好遗嘱，作为世界富豪第一方阵的人物，他把98%的财富捐献给"比尔和梅琳达·盖茨基金会"，用于研究艾滋病和疟疾的疫苗，并为世界上的贫穷国家提供援助。

一个计较停车费的富翁，经常拿出上千万的钱为需要援助的人排忧解难，这就是真正的富翁。

此前比尔·盖茨夫妇捐赠了34.6亿美元建立了一个"比尔与梅琳达基金会"，主要投放在全球医疗、健康和教育领域。这个基金会曾向纽约捐款5120万美元，解决那些少数族裔和低收入阶层子女上中学的问题；曾在非洲捐资1.68亿美元，帮助当地居民防治疟疾；向博茨瓦纳捐款5000万美元，用以预防当地多发的艾滋病。中国四川特大地震时，盖茨夫妇的基金会捐款130万美元，用于支援灾区卫生防疫工作。迄今为止，盖茨夫妇为公益事业提供的资助已经超过了250亿美元。

比尔·盖茨所做的事情总能影响很多人，同样有着传奇人生的"股神"巴菲特，在2006年承诺把财产的99%捐赠给全球公益事业。比尔·盖茨与巴菲特经常出面发起富豪聚会，在他们的带动下，许多富豪纷纷许下"赠予誓言"。有着530亿美元身家的布洛德夫妇许诺，将在生前和身后捐出75%的财富。

"带着巨富而死，是一种耻辱。"这是比尔·盖茨和巴菲特最常引用的一句话，出自钢铁大王卡内基之口。

金钱只是比尔·盖茨最初衡量成功的一个标尺，在他获得成功以后，金钱就不再重要了，他更重视工作的状态和生活的质量。

比尔·盖茨一边研究计算机界的各种信息，一边跟孩子们打成一片。

谁能想象世界第一富翁会亲自给孩子换尿片，给孩子做儿童餐，跟孩子们一起嬉戏？比尔·盖茨就是这样做的，像一个普通人一样，当然，他绝对不是普通人，你我都知道。

最重要的是，你，只要努力，也许就是下一个不普通的普通人。